AF275254

COLEX

eBook gratuito en COLEX Online

⊘ Acceda a la página web de la editorial **www.colex.es**

⊘ Identifíquese con su usuario y contraseña. En caso de no disponer de una cuenta regístrese.

⊘ Acceda en el menú de usuario a la pestaña «Mis códigos» e introduzca el que aparece a continuación:

RASCAR PARA VISUALIZAR EL CÓDIGO

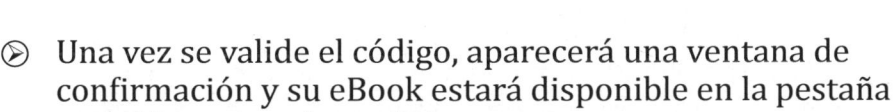

⊘ Una vez se valide el código, aparecerá una ventana de confirmación y su eBook estará disponible en la pestaña «Mis libros» en el menú de usuario

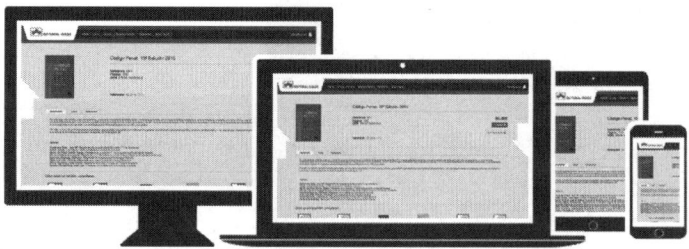

¡Gracias por confiar en Colex!

La obra que acaba de adquirir incluye de forma gratuita la versión electrónica.
Acceda a nuestra página web para aprovechar todas las funcionalidades de
las que dispone en nuestro lector.

Funcionalidades eBook

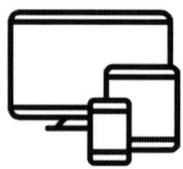

**Acceso desde
cualquier dispositivo**

**Idéntica visualización
a la edición de papel**

Navegación intuitiva

Tamaño del texto adaptable

Puede descargar la APP "Editorial Colex" para acceder a sus libros
y a todos los códigos básicos actualizados.

Síguenos en: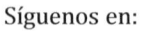

CÓMO HACER UNA MODIFICACIÓN EN EL CONTRATO LABORAL

Todo lo que debes saber sobre la modificación
sustancial del contrato de trabajo

CÓMO HACER UNA MODIFICACIÓN EN EL CONTRATO LABORAL

Todo lo que debes saber sobre la modificación sustancial del contrato de trabajo

EDICIÓN 2024

Obra realizada por el Departamento de Documentación de Iberley

COLEX 2024

© Editorial Colex, S.L.
Calle Costa Rica, número 5, 3.º B (local comercial)
A Coruña, 15004, A Coruña (Galicia)
info@colex.es
www.colex.es

I.S.B.N.: 978-84-1194-475-5
Depósito legal: C 714-2024

SUMARIO

1.
CONCEPTO DE MODIFICACIÓN SUSTANCIAL DE LAS CONDICIONES DE TRABAJO

Según la condición de trabajo afectada el ET diferencia tres tipos de modificaciones:

- **Movilidad geográfica** (art. 39 del ET): cuando la modificación de las condiciones afecta al lugar de trabajo.

- **Movilidad funcional** (art. 40 del ET): es la que afecta a las funciones de trabajo que son asignadas al trabajador.

- **Modificación de otras condiciones de trabajo** (art. 41 del ET): cuando afecta a otro tipo de condición distinta a las anteriores (jornada, horario, régimen de trabajo a turnos, etc.).

La movilidad geográfica y la movilidad funcional, no son objeto de esta obra centrándonos en las modificaciones sustanciales de condiciones de trabajo (art. 41 del ET).

La modificación sustancial de las condiciones de trabajo (MSCT) podemos definirla como la posibilidad unilateral de la empresa (cuando afecta a la persona trabajadora a modo individual), o previo periodo de consultas (si afecta a cierto número de trabajadores de forma colectiva), de **cambiar determinados aspectos de la relación laboral ante un número tasado de causas al amparo del art. 41 del ET.**

Para llegar a entender la existencia de una MSCT sobre las materias anteriores deben valorarse una serie de aspectos:

- La dirección de la empresa podrá acordar modificaciones sustanciales de las condiciones de trabajo cuando existan probadas **razones económicas, técnicas, organizativas o de producción**. Se considerarán tales las que estén **relacionadas con la competitividad, productividad u organización técnica o del trabajo en la empresa.**

- **Podrán afectar a las condiciones reconocidas a los trabajadores en el contrato de trabajo, en acuerdos o pactos colectivos o disfrutadas por estos** en virtud de una decisión unilateral del empresario de efectos colectivos.

- No toda modificación supone un cambio sustancial de las condiciones de trabajo, solo introduciremos en este concepto **aquéllas de tal naturaleza que alteren que transformen los aspectos fundamentales de la relación laboral**, previstas en la lista *ad exemplum* del art. 41.2 del ET, y debiendo entender como modificaciones «accidentales» las que no tienen dicha condición al derivar del poder de dirección y del *ius variandi* empresarial.

- **La importancia cualitativa de la modificación impuesta, su alcance temporal y las eventuales compensaciones pactada.** De estas circunstancias dependerá que la intensidad del sacrificio que se impone al trabajador, haya de ser calificado como sustancial o accidental. Es decir, en cada caso habrán que analizar las circunstancias concurrentes. (STS n.º 635/2021, de 17 de junio de 2021, ECLI:ES:TS:2021:2679).

- **Ninguna persona trabajadora puede ser obligada a trabajar de forma distinta a la pactada en el contrato.** Por eso, *«(...) el art. 41 del ET, reconoce al trabajador que resulte perjudicado por la decisión patronal, el **derecho a rescindir su contrato y a percibir una indemnización de 20 días de salario por año de servicio** (...). Y no condiciona dicho derecho a la previa impugnación de la decisión empresarial ante la jurisdicción competente, sino que habilita al trabajador a rescindir directamente su contrato sin necesidad de esperar la confirmación judicial de que la medida adoptada es correcta».* (STS, rec.1875/2007, de 18 septiembre 2008, ECLI:ES:TS:2008:5755).

- Las MSCT individuales tienen que ser **notificadas a los trabajadores afectados y sus representantes** con 15 días de anticipación. Si se trata de un MSCT colectiva, debe realizarse un **período de consultas de una duración no mayor a 15 días.** La decisión sobre la modificación colectiva de las condiciones de trabajo será **notificada** por el empresario a los trabajadores una vez finalizado el periodo de consultas sin acuerdo y surtirá efectos en el plazo de los siete días siguientes a su notificación.

- El art. 208.1.1). e) de la LGSS reconoce en **situación legal de desempleo** al trabajador que, en las circunstancias descritas en el apartado anterior, opta por resolver voluntariamente su contrato en el supuesto, entre otros, del art. 41.3 del ET, y pese a que en ese caso siempre existe la posibilidad de continuar trabajando en las condiciones modificadas. Siendo suficiente para acreditar la situación legal de desempleo la certificación del empresario prevista en el art. 1.1. h) del Real Decreto 625/1985, de 2 de abril.

CUESTIONES

1. ¿Puede considerarse una MSCT la realizada en el puesto de trabajo por indicaciones del servicio de prevención de riesgos laborales en caso de un trabajador especialmente sensible?

Dependerá del caso. Como analiza la STSJ de Canarias n.º 295/2023, de 31 de marzo, ECLI:ES:TSJICAN:2023:885, si la modificación de aspectos como la jornada, régimen de trabajo a turnos, y horario de trabajo, no obedecen a causas económicas, técnicas, organizativas o de producción, sino a la necesidad de adaptar el puesto de trabajo de un trabajador especialmente sensible, de acuerdo con las indicaciones del servicio de prevención de riesgos laborales, no procede «(..) considerar una modificación sustancial del **artículo 41 ET**».

2. Las modificaciones operadas por la empresa con origen en la normativa COVID-19, ¿constituyen una MSCT?

Las distintas modificaciones relacionadas con la normativa sobre medidas para prevenir el riesgo de coincidencia masiva de personas en el ámbito laboral, con medidas como la organización horaria, han sido consideradas no modificación no sustanciales, «teniendo en cuenta su carácter temporal y en forma adecuadamente ponderada». (STS n.º 518/2021, de 12 de mayo de 2021, ECLI:ES:TS:2021:1895).

1. Marco normativo de la modificación de las condiciones de trabajo

La regulación de las modificaciones sustanciales de las condiciones de trabajo está formada por:

- Arts. 12.4.e), 33.2, 41, 44.9 del Real Decreto Legislativo 2/2015, de 23 de octubre, por el que se aprueba el texto refundido de la Ley del Estatuto de los Trabajadores (ET).
- 26.1 y 8, 43, 64.1, 138, 138 bis, 184, 191.2 e) y 247.2 Ley 36/2011, de 10 de octubre, reguladora de la jurisdicción social (LRJS).
- Art. 5 de la Ley 10/2021, de 9 de julio, de trabajo a distancia (LTD).
- Arts. 207.1.d).6.ª y 267.1).a) 5.º de la Real Decreto Legislativo 8/2015, de 30 de octubre, por el que se aprueba el texto refundido de la Ley General de la Seguridad Social (LGSS).
- Convenio colectivo.
- Contrato de trabajo.

2. Importancia del número de trabajadores afectados: ¿qué trascendencia tiene distinguir entre una MSCT individual y colectiva?

La distinción entre modificaciones individuales y colectivas (reflejada en el art. 41.2 del ET) despliega efectos relevantes en el ámbito **del procedimiento que el empresario debe seguir** para aplicar las MSCT que pretenda, ya que en las individuales el trámite procedimental es bastante sencillo, al revés de lo que ocurre con las colectivas que requieren de una tramitación más compleja en la que se incrusta un obligado período de consultas con los representantes de los trabajadores.

Antes de la reforma laboral de 2012 se consideraba individual la modificación *«de aquellas condiciones disfrutadas a título individual»*, mientras que actualmente la primicia en materia de modificación sustancial de las condiciones de trabajo consiste en establecer el **número de trabajadores afectados por la decisión empresarial en función de la plantilla de la empresa** (art.

41.2 del ET) como único criterio determinante de su naturaleza individual o colectiva, racionalizando y simplificando el modo de determinar el carácter individual o colectivo de la modificación, por lo que resulta irrelevante el origen individual o colectivo del acuerdo o pacto en el que se contenga dicha condición. Así pues, con independencia de cuál sea la naturaleza individual o colectiva del acuerdo, se considera de carácter individual la modificación que, en el período de referencia establecido, no alcance los umbrales señalados para las modificaciones colectivas.

En otras palabras, existen **dos tipos de modificación sustancial de las condiciones de trabajo**, por un lado las de **carácter colectivo**, cuando en un período de 90 días, afecte al menos a (STSJ Madrid n.º 931/2013, de 22 de noviembre de 2013, ECLI:ES:TSJM:2013:15953):

- Diez trabajadores, en las empresas que ocupen menos de cien trabajadores.

- El 10 por ciento del número de trabajadores de la empresa en aquellas que ocupen entre cien y trescientos trabajadores.

- Treinta trabajadores, en las empresas que ocupen más de trescientos trabajadores.

Y las de **carácter individual**, cuando en el periodo de referencia establecido, no alcance los umbrales señalados para las modificaciones colectivas.

JURISPRUDENCIA

STS, rec. 173/2010, de 30 de junio de 2011, ECLI:ES:TS:2011:5459

En paralelo al criterio numérico el TS mantiene el criterio de que las modificaciones sustanciales del contrato de trabajo tengan carácter individual o colectivo no depende del número de trabajadores afectados ni de su identificación (art. 41.2 del ET), sino de que las condiciones sustanciales a alterar tengan su origen bien en un derecho de disfrute individual, bien en un acuerdo o pacto colectivo o sean disfrutadas en virtud de una decisión unilateral del empresario de efectos colectivos.

CUESTIÓN

Para el cómputo del referente numérico a considerar en caso de MSCT colectiva, ¿debemos tomar como referencia el centro de trabajo o la plantilla total de la empresa?

El umbral hace alusión a la totalidad de la plantilla de la empresa, no a quienes presten sus servicios en el centro de trabajo concreto al que afecten las MSCT. (STS n.º 787/2019, de 19 de noviembre de 2019, ECLI: ES:TS:2019:4229)

3. Condición del contrato afectada: ¿la movilidad geográfica y la movilidad funcional suponen una MSCT?

El art. 41.1 del ET realiza una enumeración abierta de las modificaciones sustanciales de las condiciones de trabajo:

- Jornada de trabajo.

- Horario y distribución del tiempo de trabajo.

- Régimen de trabajo a turnos.
- Sistema de remuneración y cuantía salarial.
- Sistema de trabajo y rendimiento.
- Funciones, cuando excedan de los límites que para la movilidad funcional previstos en el art. 39 del ET.

No obstante, recurriendo a un nivel superior, podríamos esquematizar las posibles **modificaciones de las condiciones de trabajo inicialmente pactadas** en tres puntos con contornos difusos:

Modificaciones de los contratos de trabajo	**Geográfica**	Traslado definitivo	Individual
			Colectivo
		Desplazamiento temporal	
	Funcional	Dentro del grupo profesional	
		Fuera del grupo profesional	
	Modificaciones sustanciales	Jornada, horario, trabajo a turnos, sistemas de remuneración, sistemas de trabajo y rendimiento, funciones cuando el cambio exceda los límites de movilidad funcional	
		Individuales y colectivas	

Atendiendo a la enumeración abierta por parte del art. 41.1 del ET de las materias cuya modificación puede ser sustancial, no pasa desapercibido que la norma para nada cita los supuestos de movilidad geográfica [a diferencia de la movilidad funcional que exceda de los límites del art. 39 del ET, mencionada en el art. 41.1,f)], y que muy al contrario, el art. 41.7 del ET, se cuida de normar que *«En materia de traslados se estará a lo dispuesto en las normas específicas establecidas en el artículo 40 de esta Ley»*, con lo que es evidente que **la materia relativa a traslados** —sea configurable o no como **modificación sustancial**— tiene un régimen jurídico diferenciado y de obligada aplicación.

De este modo:

- **Cuando se trate de movilidad geográfica (art. 40 del ET) con o sin cambio de residencia** [bien de forma permanente, en el traslado; bien de forma temporal, en el desplazamiento] está **amparada por el poder de dirección del empresario reglado en los arts. 5.1. c) y 20 del ET**, sin estar sujetos a procedimiento o justificación alguna, a excepción del preceptivo informe del comité de empresa [art. 64.1.4.º b) del ET, para el supuesto de traslado —total o parcial— de las instalaciones]. (STS, rec. 2076/2005, de 26 de abril de 2006, ECLI:ES:TS:2006:3095). Por lo tanto, cuando no se especifique ninguna exigencia concreta en el convenio colectivo aplicable, la movilidad geográfica no supone una MSCT ni otorga al trabajador afectado el derecho extintivo atribuido a las modificaciones sustanciales. (STS n.º 624/2021, de 15 de junio de 2021, ECLI:ES:TS:2021:2639).

– **Cuando la movilidad funcional exceda de los límites del art. 39 del ET se trataría de una MSCT.** Es decir, siempre que la movilidad funcional en la empresa no se efectúe siguiendo las premisas impuestas por el texto estatutario —de acuerdo a las titulaciones académicas o profesionales precisas para ejercer la prestación laboral y con respeto a la dignidad del trabajador—, debería considerarse una modificación sustancial. (STS de 3 de diciembre de 1987, ECLI:ES:TS:1987:13131, y STS, rec. 122/2002, de 22 de septiembre de 2003, ECLI:ES:TS:2003:5629).

RESOLUCIONES RELEVANTES

STSJ de Galicia, rec. 1165/2001, de 28 de marzo, ECLI:ES:TSJGAL:2001:2663

Se matiza que para atribuir valor sustancial a la modificación operada en la condición de trabajo se requiere que se hubiera producido una transformación en la misma de tal índole que quedara desdibujada en sus contornos esenciales.

SAN n.º 91/2020, de 28 de octubre, ECLI:ES:AN:2020:2967

Se analiza la posible existencia de modificación sustancial de las condiciones de trabajo (MSCT) sobre el sistema de vacaciones, calendario laboral y de distribución irregular de la jornada implantado en la empresa por las medidas fijadas para la recuperación de las horas no trabajadas durante un permiso retribuido recuperable, tras la finalización de la negociación al efecto sin acuerdo (Real Decreto-ley 10/2020, de 29 de marzo). En el caso analizado, para la sala de lo social, las siguientes opciones son válidas: recuperación con cargo a días libres retribuidos (puentes) correspondientes al exceso de calendario laboral de 2020, según los acuerdos locales de cada centro de trabajo; ampliación de la jornada diaria de trabajo; recuperación con cargo a vacaciones; opciones mixtas.

JURISPRUDENCIA

STS, rec. 156/2011, de 17 de abril de 2012, ECLI:ES:TS:2012:3078

Supone modificación sustancial de las condiciones de trabajo la alteración realizada por la empresa de manera unilateral del sistema de cómputo de la jornada de trabajo, aunque no modifique el número de horas semanales, si afecte al sistema de retribución tradicionalmente vinculado al cómputo diario de la jornada, no semanal.

STS n.º 994/2023, de 22 de noviembre del 2023, ECLI:ES:TS:2023:5236

Se considera MSCT la supresión unilateral —sin seguir los cauces del art. 41 ET— de una condición más beneficiosa consistente en el derecho de los trabajadores a anticipar la finalización de su jornada los días 24 y 31 de diciembre que se venía realizando durante más de 20 años.

STS n.º 1010/2018, de 4 diciembre de 2018, ECLI:ES:TS:2018:4432

Expone que el art. 41.3 del ET «autoriza a los trabajadores a resolver el contrato si una modificación sustancial de las condiciones de trabajo les produce un perjuicio. La acción resolutoria que se les reconoce trata de paliar los efectos derivados de una alteración contractual que sobrepasa unos límites objetivos, evitando a su vez que las decisiones unilaterales de la empresa se fundamenten en valoraciones subjetivas».

STS, rec. 2363/2004, de 17 de mayo de 2005, ECLI:ES:TS:2005:3130

Estableció, en relación a las causas justificativas de la modificación sustancial de condiciones de trabajo, que no se exige crisis empresarial; sino que basta con la contribución a mejora de la situación de la empresa.

CUESTIONES

1. Dentro del procedimiento de MSCT regulado en el art. 41 ET, ¿se incluye la movilidad geográfica, la funcional dentro de los umbrales del art. 39 del ET, la distribución irregular o la reducción de la jornada y la suspensión del contrato de trabajo?

No. El régimen jurídico de esas modificaciones se regula por otros preceptos del ET.

2. ¿Toda reducción de salario supone una modificación sustancial con derecho a extinción indemnizada?

Si el legislador hubiera querido que toda MSCT supusiera el derecho a que las personas afectadas a extinguir su contrato el percibo de la indemnización expuesta (art. 41.3 del ET) y acceder a la situación legal de desempleo (art. 267.1.5.º de la LGSS) debiera haber redactado el artículo 41.3 del ET en otros términos. (STS n.º 822/2018, de 23 de julio de 2020, ECLI:ES:TS:2020:2603).

La **STS n.º 853/2016, de 18 octubre, ECLI:ES:TS:2016:4927,** afronta el tema de si una reducción salarial del 3'87 %, requiere probar que la modificación ha causado un perjuicio al afectado por ella o si esa prueba no es precisa porque la existencia del perjuicio deriva, se presume, por el simple hecho de la MSCT. En ella se sienta una importante y clara doctrina que es decisiva para el supuesto abordado:

1.º) Para que proceda la rescisión indemnizada del contrato debe acreditarse la existencia de un perjuicio, prueba cuya carga incumbe a quien lo sufre por ser el elemento constitutivo de su pretensión y por ser la parte que mejor conoce el daño y puede probarlo (art. 217.1 de la LEC).

2.º) Es imposible presumir la existencia del perjuicio, al no existir ninguna disposición legal que lo permita.

3.º) La interpretación lógica, sistemática y finalista de los preceptos en presencia (arts. 40.1 y 41.3 del ET) muestra que en la MSCT la rescisión indemnizada del contrato se condiciona a la existencia de un perjuicio, lo que no hace en los supuestos de traslados forzosos, lo que evidencia que en estos casos si da por probado el perjuicio.

4.º) Que la modificación de las condiciones deba ser sustancial evidencia que el perjuicio debe ser relevante, pues en otro caso no se establecería la posibilidad de rescisión contractual que la ley reserva para los graves incumplimientos contractuales (art. 50 del ET).

5.º) No sería razonable, ni proporcional, sancionar con la rescisión contractual indemnizada cualquier modificación que ocasionara un perjuicio.

1.1. ¿Hasta dónde llega la facultad empresarial para modificar las condiciones del contrato?

El ordenamiento laboral establece **distintos límites** ante una posible modificación de las condiciones laborales:

a) El respeto a los derechos fundamentales de la persona trabajadora. Seria nula cualquier modificación que supusiese una discriminación, atentase contra el derecho a la tutela judicial efectiva o el deber de buena fe contractual entre las partes.

b) **En relación a su intensidad:**

- **La modificación accidental, derivada del ius variandi ordinario que le corresponde al empresario;** forma parte de las facultades de dirección y no requiere el cumplimiento de las exigencias formales previstas en el art. 41 del ET.

- **Las modificaciones sustanciales, que son las que exceden del ius variandi empresarial;** a ellas se refiere el art. 41 del ET que posibilita su instauración cuando concurrieren probadas razones técnicas, organizativas o productivas, si bien exigiendo para su efectividad que se siga el procedimiento que el propio artículo regula, al par de atribuir al trabajador afectado, cuando la modificación actúe sobre las condiciones de trabajo que al efecto precisa, el derecho a obtener la resolución de su contrato con la indemnización que señala, de cuantía inferior que la prevista por el art. 50.1 a) del mismo cuerpo estatutario y que se corresponde a resolución por voluntad del trabajador ante modificación sustancial que redunde en perjuicio de su formación profesional o en menoscabo de su dignidad. (STSJ de Galicia n.° 623/2024, 2 de febrero de 2024, ECLI:ES:TSJGAL:2024:712).

c) **Relacionados con el menoscabo de la dignidad del trabajador.**

d) **Respetar el procedimiento previsto en el art. 41 del ET.**

El incumplimiento de las dos últimas opciones suponen causas justas para que el trabajador pueda solicitar la extinción del contrato [art. 50.1.a) del ET] con derecho a las indemnizaciones señaladas para el despido improcedente (art. 50.2 del ET).

Partiendo de lo anterior, la facultad empresarial para modificar las condiciones del contrato se limita en ciertos supuestos:

1. Dignidad personal y profesional del trabajador

La modificación de funciones tiene carácter sustancial cuando excede de los límites previstos para la movilidad funcional en el art. 39 del ET. El cambio de funciones distintas de las pactadas no incluido en los supuestos previstos en dicho artículo ha de encauzarse bien por acuerdo de las partes, bien sometiéndose a las reglas establecidas en el art. 41 del ET o a las que a tal fin se hubieran establecido en el convenio colectivo. [STSJ de Cataluña, rec. 2436/2009, de 29 de octubre de 2009, ECLI:ES:TSJCAT:2009:12327 y art. 50.1.a) del ET].

Así, se ha considerado MSCT que afectan a la dignidad personal:

- La encomienda de funciones de inferior categoría con carácter indefinido. (STSJ País Vasco, rec. 2149/1998, de 16 de febrero de 1999, ECLI:ES:TSJPV:1999:814).

- La asignación de funciones inferiores a las del grupo profesional por razones técnicas u organizativas, debidamente notificada al comité de empresa, pero sin señalarse el tiempo imprescindible para su atención ni justificarse las razones perentorias o imprevisibles de la actividad productiva que las justificaban. (STSJ de Galicia, rec. 4072/1997, de 6 de noviembre, ECLI:ES:TSJGAL:1997:62).

- La asignación de funciones claramente inferiores, como las de un guardacoches al jefe del departamento de servicios generales de un casino (STSJ Murcia, rec. 1146/1998, de 19 de octubre, ECLI:ES:TSJMU:1998:1805).

- El caso de una trabajadora contratada como directora de guardería a la que se le comunica el cese en dicho cargo y el traslado como educadora a otra guardería de la misma localidad (STSJ de Sevilla, rec. 3128/1998, de 13 de octubre, ECLI:ES:TSJAND:1998:12874).

RESOLUCIÓN RELEVANTE

STSJ Cataluña n.º 1534/2003, de 7 de marzo de 2003, ECLI:ES:TSJCAT:2003:3123

Trató del caso de un Encargado de producción, con cuatro trabajadores a sus órdenes, que pasa a ser destinado al almacén, sin ayuda ninguna, y realizando funciones de: recepción de la mercancía que llegaba en camiones, su descarga y carga, colocación en las estanterías del almacén, su empaquetado, etiquetaje y la ordenación y arreglo del almacén. Funciones que, obvio es, no son las propias de un encargado, sino las de un mozo de almacén. Se entendió que hubo modificación sustancial que redundaba en perjuicio de su formación profesional y en menoscabo de su dignidad, puesto que la realización de trabajos meramente manuales, de recepción, descarga, acarreo y colocación de los materiales recibidos por la empresa impedían la continua formación del actor en su categoría de encargado de producción, al tiempo que determinaba un trato desconsiderado que perturba su dignidad, pues ante toda la plantilla y con muchos años de antigüedad, el actor perdía su condición de encargado, así como el mando de varios trabajadores, viéndose relegado a la realización en solitario de funciones propias de un mozo de almacén.

Cuando una medida modificativa empresarial causa un daño y éste es cualificado o grave porque se causa perjuicio a la dignidad del trabajador, la vía a utilizar es la del 50.1 a) del ET —extinción del contrato de trabajo a instancia del trabajador—. Para la aplicación de dicho supuesto se requiere: «(...) *por una parte, que la empresa, unilateralmente, introduzca una modificación sustancial de las condiciones de trabajo, esto es, revelador de voluntario y grave incumplimiento de sus obligaciones por el empresario que suponga un deliberado enfrentamiento a la continuidad del ulterior desarrollo de la relación laboral y, por otra parte, que esta modificación redunde en perjuicio para la formación profesional del trabajador o en menoscabo de su dignidad»*. (STS, rec. 772/1991, de 8 de febrero de 1993, ECLI:ES:TS:1993:467).

CUESTIÓN

¿Cuándo se entiende la existencia de perjuicio a la dignidad del trabajador?

Por lo que se refiere a la dignidad del trabajador, se encuentra reconocida en la Constitución y en el Estatuto de los Trabajadores; es un valor espiritual y moral inherente a la persona, que se manifiesta singularmente en la autodeterminación consciente y responsable de la propia vida y que lleva consigo la pretensión al respeto por parte de los demás. Se aprecia perjuicio a la dignidad en los supuestos en

---

que la modificación introducida en las condiciones de trabajo provoca un ataque al respeto que el trabajador merece ante sus compañeros de trabajo y ante sus jefes, como persona y como profesional. También se daría este perjuicio cualificado en los supuestos de modificación sustancial de funciones cuando se produce una verdadera degradación profesional por diferencia notable de funciones y consideración social. Así, por ejemplo, en un caso de cambio de funciones de oficial electricista a peón; o el de la gobernanta de hotel que pasa a desempeñar funciones de la categoría profesional de camarera por pisos, encuadrada en otro grupo profesional, lo que conlleva un menoscabo de su dignidad y un perjuicio a su formación profesional; o el caso de un jefe de ventas al que la empresa redujo el número de vendedores a su cargo, prohibió el uso de ordenadores, retiró de su cartera a un importante cliente, obligó a devolver la documentación y le impedía asistir a las reuniones con los comerciales; o el caso del jefe de ventas al que se le asignaron tareas de vendedor bajo la dependencia de un nuevo jefe de ventas, lo que implicaba un menoscabo en el respeto que merece antes sus compañeros y sus jefes; o el caso del conductor de camiones de cerdos, al que se le asignaron tareas de carga y descarga de camiones y vacunación de los animales con perjuicio profesional y económico al reducirse su retribución.

Por el contrario, no se aprecia perjuicio a la dignidad el hecho de recibir en su nueva oficina las órdenes de su superior ni que pase a desempeñar sus funciones en un espacio común con otros compañeros por ser ello la consecuencia normal del cambio de funciones a desempeñar. (ATS, rec. 4130/2021, de 28 de septiembre de 2022, ECLI:ES:TS:2022:14079A).

2. Imposibilidad de modificación por la vía del artículo 41 ET del contenido de un convenio colectivo: necesidad de acudir al descuelgue de las condiciones de convenio

Cuando lo que se pretende es inaplicar condiciones de trabajo reguladas en los convenios colectivos, para descolgarse de las mismas en razón de causas económicas, productivas, técnicas u organizativas, el art. 82.3 del ET, regula el procedimiento para la inaplicación de convenio colectivo.

A estos efectos, dicho art. 82.3 del ET, permite que se puedan inaplicar en la empresa las condiciones de trabajo previstas en el convenio colectivo de aplicación —en determinadas materias—, cuando concurran aquellas mismas circunstancias a las que se refiere el art. 41 del ET, y siguiendo el mismo proceso de negociación contemplado en esa norma, con las relevantes particularidades que contempla para el caso de que acabe sin acuerdo ese periodo de consultas.

CUESTIONES

1. ¿Cuál es la diferencia entre la MSCT y el procedimiento para la inaplicación de convenio colectivo?

La principal diferencia entre una y otra clase de procedimiento es el hecho de que el art. 41 del ET permite al empresario aplicar unilateralmente las modificaciones sustanciales de condiciones de trabajo una vez que el periodo de consultas ha finalizado sin alcanzar un pacto, y con independencia del resultado final de su eventual impugnación judicial, mientras que el art. 82.3 del ET no admite esa decisión unilateral de la empresa, sino que impone distintos mecanismos de intermediación y arbitraje cuando ha terminado sin acuerdo el periodo de consultas.

2. ¿Sería posible que la empresa instase simultáneamente un doble procedimiento negociador de los arts. 41 y 82.3 del ET?

No hay obstáculo legal que impida a la empresa instar simultáneamente ese doble procedimiento negociador si considera que la situación en la que se encuentra requiere la adopción de medidas de modificación sustancial de condiciones de trabajo, alguna de las cuales obligan a la inaplicación de lo previsto en el convenio colectivo. En ese escenario, como concreta la STS, rec. 122/2019, de 8 de octubre de 2010, ECLI:ES:TS:2020:3487, *«(...) el fracaso de la negociación no será obstáculo para que la empresa adopte unilateralmente la decisión de introducir MSCT que no conlleven la inaplicación del convenio colectivo».*

3. ¿Sería posible modificar vía MSCT una mejora voluntaria originada en pacto de empresa?

Se trataría de un supuesto distinto al de modificar lo dispuesto en convenio. La jurisprudencia ha validado la posibilidad de modificar una mejora voluntaria, originada en pacto de empresa, por el procedimiento del art. 41.4 del ET, por cuanto el apartado segundo de dicho artículo deja perfectamente claro, que podrá utilizarse el procedimiento del art. 41 del ET en su vertiente individual o colectiva, cuando se pretenda modificar condiciones de trabajo originadas en acuerdos o pactos de empresa, sin que el listado, contenido en el art. 41.1 del ET constituya obstáculo relevante, por cuanto la expresión «entre otras» permite concluir que no se trata de un listado cerrado, a diferencia del listado contenido en el art. 82.3 del ET. (SAN n.º 216/2013, de 2 de diciembre de 2013, ECLI:ES:AN:2013:5398).

JURISPRUDENCIA

STS n.º 312/2024, de 21 de febrero del 2024, ECLI:ES:TS:2024:1055

«Sentado el referido marco normativo hemos de recordar que es doctrina consolidada de esta Sala (sentada entre otras en SSTS de 27 de diciembre de 2010, Rec.229/2009 y de 26 de junio de 2012, Rec.238/2011) la relativa a que no cabe la inaplicación unilateral por el empresario de las condiciones de trabajo reconocidas en un convenio colectivo estatutario por la vía del artículo 41 del ET. Así, este precepto limita su ámbito de aplicación a las condiciones de trabajo reconocidas unilateralmente por el empresario por contrato de trabajo o por acuerdos o pactos colectivos distintos de los convenios negociados de acuerdo con el Título III del ET. La única vía admisible para la inaplicación de un convenio es el procedimiento contenido en el artículo 82.3 del ET».

3. Novación contractual

La conversión de un trabajo a tiempo completo en un trabajo parcial y viceversa tendrá siempre carácter voluntario para el trabajador y no se podrá imponer de forma unilateral o como consecuencia de una modificación sustancial de condiciones de trabajo [art. 12.4.e) del ET]. Así, «la conversión contractual a la que nos referimos requiere un acuerdo entre empresario y trabajador que recoja la expresión del consentimiento por parte del trabajador, consentimiento que, en principio, debe presumirse libre y conscientemente emitido y manifestado, y recaído sobre la cosa y la causa que han de constituir el contrato». (STSJ de Navarra n.º 271/2020, de 26 de noviembre de 2020, ECLI:ES:TSJNA:2020:473).

El trabajador no podrá ser despedido ni sufrir ningún otro tipo de sanción o efecto perjudicial por el hecho de rechazar esta conversión, sin perjuicio de las medidas que, de conformidad con lo dispuesto en los arts. 51 y 52.c) del

ET, puedan adoptarse por causas económicas, técnicas, organizativas o de producción. (STSJ de Galicia, rec. 2042/2023, ECLI:ES:TSJGAL:2023:5666).

JURISPRUDENCIA

STS n.º 1188/2023, de 19 de diciembre del 2023, ECLI:ES:TS:2023:5925

«La STS 14 mayo 2007 (rcud. 85/2006) concluye que la imposición unilateral de jornada reducida [con carácter individual o colectivo] e incluso la modificación colectiva acordada de consuno con los representantes de los trabajadores, no determinan la mutación del contrato tiempo completo/tiempo parcial, sino la mera reducción de la jornada en contrato a tiempo completo que persiste como tal categoría jurídica, pues la específica modalidad de que tratamos [contrato a tiempo parcial] únicamente puede ser fruto de una conversión contractual que se intrumente por medio de una novación extintiva, que en todo caso es requirente de la voluntad concorde del trabajador.

La STS 7 octubre 2011 (rcud. 144/2011), en aplicación de la doctrina expuesta de la necesidad de que la novación sea acordada, aclara que "la reducción de la jornada de las cuatro trabajadoras demandantes en un 30,5% de la jornada, decidida unilateralmente por la empresa ante la disminución no discutida de la actividad empresarial, no supuso una vulneración de lo previsto en el artículo 12.4 e) ET, desde el momento que esa decisión empresarial y la ausencia de conformidad de las trabajadoras no determinaban la transformación del contrato a tiempo completo en otro a tiempo parcial"».

4. Voluntariedad y reversibilidad del teletrabajo o trabajo a distancia

Esta modalidad de organización o prestación de la actividad laboral no resulta de los poderes de dirección y organización empresariales, ni de la figura de la modificación sustancial de condiciones de trabajo (art. 41 del ET) sino que es una **opción voluntaria para ambas partes**.

La negativa de la persona trabajadora a trabajar a distancia, el ejercicio de la reversibilidad al trabajo presencial y las dificultades para el desarrollo adecuado de la actividad laboral a distancia que estén exclusivamente relacionadas con el cambio de una prestación presencial a otra que incluya trabajo a distancia, no serán causas justificativas de la extinción de la relación laboral ni de la modificación sustancial de las condiciones de trabajo (art. 5 de la LTD).

5. Existencia de discriminación sobre el colectivo afectado por la MSCT

A raíz de la aplicación de las medidas pactadas, o el colectivo sobre el que se aplica la MSCT, puede darse una discriminación prohibida [a modo de ej.: discriminación por afiliación sindical, por edad, etc.]

RESOLUCIÓN RELEVANTE

STSJ de Andalucía n.º 307/2022, de 3 de febrero de 2022, ECLI:ES:TSJAND:2022:651

Modificación sustancial de condiciones de trabajo: la exclusión del demandante en una decisión colectiva no vulnera el principio de igualdad y no hay discriminación por razón de edad.

6. Eludir las normas relativas al periodo de consultas en caso de MSCT de carácter colectivo

El art. 41.4 del ET se ocupa de los aspectos procedimentales de la MSCT de carácter colectivo, en los siguientes términos:

*Sin perjuicio de los procedimientos específicos que puedan establecerse en la negociación colectiva, la decisión de modificación sustancial de condiciones de trabajo de carácter colectivo **deberá ir precedida de un periodo de consultas** con los representantes legales de los trabajadores, de duración no superior a quince días, que versará sobre las causas motivadoras de la decisión empresarial y la posibilidad de evitar o reducir sus efectos, así como sobre las medidas necesarias para atenuar sus consecuencias para los trabajadores afectados [....]*

Por su lado, el artículo 138.7.5 de la LRJS prescribe que se declarará nula la decisión empresarial de MSCT que se adopte *«(...) eludiendo las normas relativas al periodo de consultas».*

7. Exceder los límites de la movilidad funcional regulados en el art. 39 del ET

Dentro de su poder de dirección el empresario puede recurrir a la movilidad funcional regulada en el art. 39 del ET, siguiendo el criterio permisivo del art. 41 del ET, pero subordinado a que, al acordarse aquélla, no queden rebasados los límites y condiciones que el propio precepto establece.

Se posibilita, por tanto, dentro del ius variandi empresarial, la modalización de las condiciones de trabajo, en este caso en su aspecto funcional, a los cambios estructurales y organizativos de la empresa. Pero para que la movilidad funcional opere válidamente se requiere que no rebase al ámbito impuesto en el art. 39 del ET [art. 41.1.f) del ET], lo que no se ocurrirá cuando no se va más allá del grupo profesional al que pertenece el/la trabajador/a afectado. (STSJ de Galicia, rec. 4813/2019, de 19 de diciembre de 2019, ECLI:ES:TSJGAL:2019:7289).

1.2. ¿Cuándo una modificación de condiciones adquiere el carácter sustancial?

Para la existencia de una MSCT se valora caso por caso, considerando el contexto y el perjuicio al trabajador, sin presunción de sustancialidad en cambios del art. 41 del ET. Analizamos los factores clave para determinar si una modificación laboral es sustancial según la jurisprudencia y el ET.

La calificación de una modificación como sustancial constituye un **concepto jurídico indeterminado** cuya delimitación, como dice la STS, rec.

246/2015, de 12 de septiembre de 2016, *«no está exenta de polémica»*. No puede partirse de la presunción de sustancialidad del cambio respecto de las materias que contiene el listado del art. 41 del ET, siempre y en todo lugar, pues ha de atenderse al caso concreto para valorar la graduación de la MSCT.

Es decir, para calificar una modificación como sustancial el juzgador **estudiará caso por caso** teniendo en cuenta siempre los elementos contextuales, así como *«el contexto convencional e individual, la entidad del cambio, el nivel de perjuicio o el sacrificio que la alteración supone para los trabajadores afectados»* (STS n.º 971/2017, de 29 de noviembre de 2017, ECLI:ES:TS:2017:4720). También debemos tener presente la existencia de *«movilidad débil o no sustancial»* dentro del poder de dirección de la empresa. Es decir, el empresario podrá realizar modificaciones que no afecten de forma sustancial el contrato.

A TENER EN CUENTA. El ordenamiento laboral [art. 5.c) y 20.1 y 2 del ET] atribuye al empresario la capacidad de variar unilateralmente las condiciones de trabajo, pero *«(...) el cambio no (ha) de ser sustancial»*, porque forma parte del poder de dirección empresarial o facultad de modificación no sustancial del contrato, entendido como poder de especificación o concreción de la necesariamente genérica prestación laboral.

A modo de ej, y como ya hemos tratado con anterioridad definiendo el concepto de MSCT, el art. 41 del ET no menciona entre las modificaciones sustanciales de las condiciones de trabajo que describe, la relativa al cambio de centro de trabajo, habiendo resuelto además el TS en STS, rec. 222/2015, de 12 de julio de 2016, ECLI:ES:TS:2016:3911, lo siguiente: *«Cuando no se producen cambios de residencia, sino simples cambios de centro de trabajo nos encontramos ante una modificación no sustancial o accidental que está amparada por el poder de dirección que tiene el empresario [arts. 5.1.c) y 20 del ET), quien está sujeto a lo dispuesto en la negociación colectiva»*. (En el mismo sentido: STS, rec. 1605/2009, de 9 febrero 2010, ECLI: ES:TS:2010:959).

Con la única intención de ayudar a su identificación y ciñéndonos al contenido de la múltiple doctrina y jurisprudencia analizada, debemos destacar:

- **No es posible estandarizar** si una medida puede ser o no calificada como sustancial.

- El art. 41.1 del ET conceptúa expresamente como modificaciones sustanciales de condiciones de trabajo, «entre otras», las que afecten a las **materias** que relaciona: jornada de trabajo; horario y distribución del tiempo de trabajo; régimen de trabajo a turnos; sistema de remuneración y cuantía salarial; sistema de trabajo y rendimiento; funciones, cuando excedan de los límites que para la movilidad funcional establece el art. 39 del ET.

- Deber estar fundada en **probadas razones técnicas, económicas, organizativas o de producción**, es decir, las que estén relacionadas con la **competitividad**, la **productividad**, la **organización técnica** o la **organización del trabajo**.

- Operando la modificación efectuada sobre una condición de trabajo que incide sobre una materia de las expresamente previstas en el art.

41.2 del ET (o no), la MSCT **debe suponer un perjuicio a los traba-**
jadores (por ej. la SAN n.º 135/2017, de 29 de septiembre de 2017,
ECLI: ES:AN:2017:3728, considera MSCT: *«(...) una anticipación de*
su incorporación a su puesto de trabajo y una demora en el abandono
del mismo, con una interrupción escasa durante la cual apenas podrá
dedicar tiempo a sus quehaceres personales»).

Otros aspectos relevantes, que incidirán en la validación posterior de la
MSCT o su consideración como nula (art. 41.3, párrafo último, del ET), serán
si, en atención al número de **trabajadores afectados**, se han seguido los trámites del art. 41.4 del ET (SJS - Toledo, n.º 170/2018, de 1 de marzo de 2018,
ECLI:ES:JSO:2018:1581) o la falta de entrega durante el **periodo de consul-**
tas de información esencial para la justificación de la causa económica a la
RLT (STS n.º 512/2023, de 17 de julio del 2023, ECLI:ES:TS:2023:3391).

> **A TENER EN CUENTA.** Se destaca la imposibilidad de trazar una noción dog-
> mática de modificación sustancial y la necesidad de acudir al casuismo, soste-
> niéndose al efecto por la doctrina que es sustancial la variación que, conjugando
> su intensidad y la materia sobre la que verse, resulte —real o potencialmente—
> dañosa para el trabajador. En cualquier supuesto de modificación de condicio-
> nes de trabajo, para decidir si se trata de una MSCT o no, hay que analizar si
> existe una situación de hecho antecedente y otra consecuente que trastoca la
> forma de prestación anterior. (STSJ de Castilla La-Mancha n.º 405/2022, de 25
> de febrero de 2022, ECLI:ES:TSJCLM:2022:802).

1. Aproximación a las causas y requisitos desencadenantes de la MSCT: el ámbito de aplicación del artículo 41 del ET

Para llegar a la conclusión de que el supuesto que se nos plantea es una
MSCT —dado lo abstracto del concepto como hemos reiterado— existen
ciertos ámbitos iniciales de análisis:

a) Causa y valoración de la misma

Las causas de la MSCT: *«La dirección de la empresa podrá acordar mo-*
dificaciones sustanciales de las condiciones de trabajo cuando existan pro-
badas **razones económicas, técnicas, organizativas o de producción»** (art.
41.1 del ET).

La valoración de las causas y la situación concreta de la empresa: *«Se*
considerarán tales las que estén relacionadas con la competitividad, produc-
tividad u organización técnica o del trabajo en la empresa» (art. 41.1 del ET).
Tomando como referencia la conceptualización que realizan los arts. 47, 51
y 82.3 del ET y en base a los criterios de proporcionalidad y razonabilidad en
cada caso:

- **Causas económicas:** cuando de los resultados de la empresa se des-
  prenda una situación económica negativa, en casos tales como la
  existencia de pérdidas actuales o previstas, o la disminución persistente de su nivel de ingresos ordinarios o ventas. En todo caso, se
  entenderá que la disminución es persistente si durante dos trimestres

consecutivos el nivel de ingresos ordinarios o ventas de cada trimestre es inferior al registrado en el mismo trimestre del año anterior.

– **Causas técnicas:** cuando se produzcan cambios, entre otros, en el ámbito de los medios o instrumentos de producción.

– **Causas organizativas:** cuando se produzcan cambios, entre otros, en el ámbito de los sistemas y métodos de trabajo del personal o en el modo de organizar la producción.

– **Causas productivas:** cuando se produzcan cambios, entre otros, en la demanda de los productos o servicios que la empresa pretende colocar en el mercado.

A TENER EN CUENTA. En la comunicación escrita a la persona trabajadora deben quedar reflejadas y acreditadas este tipo de causas. El ar. 41.1 del ET exige que existan probadas razones económicas, técnicas, organizativas o de producción. Esa prueba corresponde al empresario que adopta la medida, pudiéndose tomar en consideración la definición que sobre dichas razones llevan a cabo otros los arts. 47, 51 y 82.3 del ET (STC n.º 8/2015, de 22 de enero), si bien no con la misma exigencia. En todo caso, se trata de procurar la mejora de la situación de la empresa, y en concreto, en lo que aquí importa, de su competitividad (STS, rec. 2265/2013, de 10 de diciembre de 2014, ECLI:ES:TS:2014:5748 y STS n.º 443/2024, de 7 de marzo, ECLI:ES:TS:2024:1514).

JURISPRUDENCIA

STS, rec. 578/2012, de 17 de septiembre de 2012, ECLI:ES:TS:2012:6855

Existen cuatro ámbitos que pueden desencadenar una MSCT: *«a) de los medios o instrumentos de producción - causas técnicas-; b) de los sistemas y métodos de trabajo del personal -causas organizativas-; c) de los productos o servicios que la empresa pretende colocar en el mercado -causas productivas-; y d) de los resultados de explotación -causas económicas, en sentido restringido».* (...)

«En todo caso es al empresario a quien corresponde probar la realidad de las causas o factores desencadenantes de los problemas de rentabilidad o eficiencia de la empresa, lo que supone -de un lado- la identificación precisa de dichos factores, y - de otro- la concreción de su incidencia en las esferas o ámbitos de afectación señalados por el legislador».

b) La materia

Tomando como ejemplificativa y no exhaustiva el listado de materias que contiene el art. 41 del ET, pueden ser objeto de modificación sustancial por parte del empresario, siempre que existan razones económicas, técnicas, organizativas o de producción justificadas, entre otras posibilidades:

– **Jornada de trabajo**

La jornada laboral, que puede ser diaria, semanal o anual, es pactada inicialmente en el contrato de trabajo y normalmente coincide con el tiempo de trabajo efectivo.

Sobre ese aspecto la normativa fija otros procedimientos regulados de forma independiente: el art. 12 del ET protege al trabajador frente a cambios unilaterales en la modalidad de su jornada (completa o parcial), exigiendo que cualquier conversión sea voluntaria. Además, el art.. 47.2 del ET limita la capacidad del empresario para reducir la jornada laboral, permitiendo una disminución temporal de entre un 10% y un 70% bajo ciertas condiciones (ERTE). Por último, el art. 34.2 del ET permite la distribución irregular de la jornada a lo largo del año, ya sea por convenio colectivo o acuerdo entre empresa y representantes de los trabajadores, o un 10% de distribución irregular a discreción de la empresa en ausencia de pacto.

Ej. de MSCT sobre la jornada: cambio de turno de mañana a turno de tarde, cambio de un prestación de servicios de lunes a viernes a otra de fin de semana, decisión de la empresa de no considerar como tiempo de trabajo efectivo los periodos destinados a las necesidades fisiológicas, específicamente el uso del baño (STSJ de Madrid, rec. 231/2023 de 4 de diciembre del 2023, ECLI:ES:TSJM:2023:13447), etc.

– **Horario y distribución del tiempo de trabajo**

La norma no concreta una diferenciación entre ambos conceptos, por lo que podemos definir el horario como la hora de entrada y salida establecida previamente y la distribución del tiempo de trabajo como el reparto de las horas efectivas de trabajo.

Sobre ese aspecto la normativa fija una serie de obligaciones asociadas a: la jornada laboral y su duración (art. 34 del ET), los permisos y descansos (art. 37.3 del ET) y a la adaptación y distribución de jornada como medida de conciliación de la vida familiar y laboral (art. 34.8 del ET)

Ej. de MSCT sobre el horario o distribución del tiempo de trabajo: transformación del horario continuado en horario partido (SAN n.º 135/2017, de 29 de septiembre de 2017, ECLI:ES:AN:2017:3728), pasar de un horario flexible a uno fijo, decisión de modificar el horario del turno de mañana que se inicia y termina una hora más tarde (STSJ Madrid, rec. 754/2021, de 3 de febrero de 2022, ECLI:ES:TSJM:2022:1534), etc.

A TENER EN CUENTA. Una modificación de las condiciones de trabajo que afecte a la jornada [art. 41.1.a) del ET], horario y distribución del tiempo de trabajo [art. 41.1.b) del ET] afectará también a la remuneración [art. 41.1.d) del ET]. (SJS- Madrid n.º 153/2015, de 24 de abril de 2015, ECLI:ES:JSO:2015:43).

JURISPRUDENCIA

STS, rec. 4621/1997, 26 de junio de 1998, ECLI:ES:TS:1998:4294

«Los conceptos de jornada, sea diaria, mensual o anual, y de horario son conceptos muy próximos y vinculados entre sí, pero entre ambos es la jornada la que presenta una mayor relevancia y transcendencia, por cuanto que ella es la que determina nítidamente el número de horas que se han de trabajar, dentro del lapso temporal de que se trate; el horario es una consecuencia o derivación de la jornada, pues en él se precisa el tiempo exacto en que cada día se ha de prestar servicio, teniendo siempre a la vista y como norma a respetar la duración de la jornada estatuida. Por consiguiente, en el radio de acción en que se mueven estos dos conceptos, hay, en principio, una cierta supeditación o subordinación del horario a la jornada».

STS, rec. 2363/2004, de 17 de mayo de 2005, ECLI:ES:TS:2005:3130

Para demostrar las causas justificativas de la MSCT no se exige crisis empresarial; basta contribución a mejora de la situación de la empresa.

> *«Esta conclusión, que se desprende de la utilización del canon de la interpretación literal, se confirma mediante la comparación de lo que ordena el art. 41 del ET con lo que mandan los artículos 51 y 52.c. del propio ET para el despido colectivo y para el despido objetivo por necesidades de la empresa. Estos preceptos sí establecen una referencia mucho más estricta y limitada para considerar razonables las causas de estos dos supuestos legales de despidos económicos, imponiendo de manera expresa que las respectivas decisiones empresariales de despedir contribuyan a objetivos más exigentes; a saber, bien a "superar una situación económica negativa de la empresa" (art. 51, para las causas económicas en sentido estricto de los despidos colectivos), bien a "garantizar la viabilidad futura de la empresa y del empleo en la misma" (art. 51, para las causas técnicas, organizativas y de producción de los despidos colectivos), bien a la "superación de situaciones económicas negativas" (art. 52.c., para las causas económicas en sentido estricto de los despidos objetivos por necesidades de la empresa), bien a "superar las dificultades que impidan el buen funcionamiento de la empresa" (art. 52.c., para las causas técnicas, organizativas y de producción de los despidos objetivos por necesidades de la empresa)».*

– Régimen de trabajo a turno

Tiene la consideración de trabajo a turnos toda forma de organización del trabajo en equipo según la cual los trabajadores ocupan sucesivamente los mismos puestos de trabajo, según un cierto ritmo, continuo o discontinuo, implicando para el trabajador la necesidad de prestar sus servicios en horas diferentes en un período determinado de días o de semanas (art. 36.3 del ET).

Del mismo modo, se considera trabajo nocturno el realizado entre las 22:00 horas hasta las 6:00 horas del día siguiente (art. 36.1 del ET). El trabajo nocturno gozará de una retribución específica que se determinará por negociación colectiva (art. 36.2 del ET) y un nivel de protección en materia de salud y seguridad adaptado a la naturaleza de su trabajo (art. 36.4 de ET y Ley de Prevención de Riesgos Laborales).

Ej. de MSCT sobre el régimen de trabajo a turno: cambiar los turnos de trabajo para prestar servicios en el turno rotatorio (STSJ Cataluña, rec. 445/2005, 18 de enero de 2008, ECLI:ES:TSJCAT:2008:421), introducción de un turno nocturno — cuando la adscripción al mismo no sea voluntaria— (STSJ de Aragón n.º 893/2011, de 16 de diciembre de 2011, ECLI:ES:TSJAR:2011:2016).

– Sistema de remuneración y cuantía salarial

Salario es el conjunto de percepciones económicas que reciben los trabajadores, en dinero o en especie, por la prestación profesional de sus servicios laborales por cuenta ajena (art. 26.1 del ET), tanto cuando retribuyan el trabajo efectivo como los periodos de descanso computables como de trabajo (días festivos, fines de semana o vacaciones). Estableciéndose por los tribunales, ante la duda de que percepciones pueden ser consideradas como salario, la presunción «iuris tantum» (todo lo que percibe el trabajador es salario mientras a quien le interese la prueba en contrario no lo demuestre).

El salario mensual puede sufrir distintas modificaciones por causas como retribuciones extrasalariales, horas extraordinarias, pagas extraordinarias, suspensiones de contrato o embargos salariales, incapacidad temporal, ausencias injustificadas, sanción disciplinaria de empleo y sueldo, suspensión y reducción de jornada derivas de ERE, nacimiento de menor, riesgo durante el embarazo y riesgo durante la lactancia natural, violencia de género, excedencias. huelga y cierre patronal o por embargo de parte del salario.

El salario se compone, por un lado, del denominado «salario base» que retribuye el trabajo prestado por el trabajador en función al tiempo trabajado y, de otra parte, de los «complementos salariales» que se añaden al «salario base» y retribuyen circunstancias o condiciones especiales del trabajador.

Sobre ese aspecto la normativa fija una serie de obligaciones asociadas a: Salario Mínimo Interprofesional (art. 27.1 del ET), descuelgue salarial (arts. 41 y 82.3 del ET) y salario en especie (art. 26.1 del ET).

Ej. de MSCT sobre el sistema de remuneración y cuantía salarial: supresión o modificación del servicio de comedor (STSJ de Madrid n.º 231/2022, de 16 de marzo de 2022, ECLI:ES:TSJM:2022:3788); reducción de la cuantía de algún bono (STS, rec. rec. 189/2010, de 19 septiembre 2011, ECLI:ES:TS:2011:6220); utilización del vehículo de empresa (STS n.º 360/2018, 3 de abril de 2018, ECLI:ES:TS:2018:1454); supresión de la cesta de navidad (STS n.º 313/2016, de 21 de abril de 2016, ECLI:ES:TS:2016:2493).

– Sistema de trabajo y rendimiento

Esta MSCT se asocia a la forma en la que se lleva a cabo la actividad productiva de la empresa o los incentivos para fomentar el rendimiento o la productividad (también dentro del sistema de remuneración).

Ej. de MSCT sobre el sistema de trabajo y rendimiento son: medida de los tiempos de trabajo, sistemas de valoración de puestos de trabajo, o sistemas de incentivos o primas como la modificación del régimen aplicable correspondiente al cumplimiento de los objetivos (STS n.º 971/2017, de 29 de noviembre de 2017, ECLI:ES:TS:2017:4720), sistema de trabajo *hot desk*. (SAN n.º 180/2021, 27 de julio de 2021, ECLI:ES:AN:2021:3602).

– Funciones, cuando excedan de los límites que para la movilidad funcional establece el art. 39 del ET

El empresario puede llevar a cabo la movilidad funcional respetando los extremos del art. 39 del ET. Como ya hemos tratado al analizar hasta dónde llega la facultad empresarial para modificar las condiciones del contrato, para determinar cuándo nos encontramos ante una modificación sustancial de condiciones de trabajo del art. 41 ET o ante una movilidad funcional no sustancial del art. 39 del ET, procede examinar las circunstancias concurrentes. (SJS - Soria, rec. 47/2020, de 27 de febrero de 2020, ECLI:ES:JSO:2020:1983).

CUESTIÓN

¿Qué diferencia hay entre la modificación sustancial y un descuelgue de las condiciones del convenio?

Las causas para una y otra son similares, pues en ambos casos se pretende buscar una solución a un problema por el que atraviesa la empresa que se traduce en dificultades económicas o sencillamente en su falta de competitividad, productividad o en necesidades de organización técnica o del trabajo en la empresa.

La lista de materias susceptibles de modificación sustancial es abierta, siendo ejemplificativa la contenida en el art. 41.1 ET; el elenco de materias respecto de las que cabe la inaplicación es cerrado. Las dos tablas son casi coincidentes, si bien el art. 82.3 ET menciona las mejoras voluntarias de la Seguridad Social, cuya referencia se omite en el art. 41 del ET.

Sólo los cambios en las condiciones de trabajo que tengan carácter sustancial quedan sometidos al procedimiento previsto en el art. 41 ET . Sin embargo, todas las alteraciones de las condiciones de trabajo previstas por el convenio, sean sustanciales o no, deben quedar sometidas al descuelgue.

El empresario habrá de acudir al procedimiento previsto en el ET art. 41 cuando pretenda modificar condiciones de trabajo reconocidas a los trabajadores en el contrato de trabajo, en acuerdos o pactos colectivos o disfrutadas por éstos en virtud de una decisión unilateral del empresario de efectos colectivos. Por el contrario, la modificación de las condiciones de trabajo establecidas en los convenios colectivos deberá realizarse conforme a lo establecido en el artículo 82.3 ET (art. 41.6 ET).

La decisión de modificación de condiciones de trabajo, sea de carácter individual o colectivo, compete al empresario, quien puede imponerla aunque no haya acuerdo con la representación legal de los trabajadores. Sin embargo, la inaplicación de condiciones de trabajo no puede llevarse a efecto de forma unilateral por el empresario: es necesario el pacto o el laudo sustitutivo.

Mientras que la duración del descuelgue no puede ir más allá del tiempo de aplicación del convenio, la vigencia de una MSCT no aparece legalmente limitada en su duración temporal.

Hay también diferencias respecto de la impugnación (plazos, modalidad procesal, etc.) y de las consecuencias. En determinados casos de MSCT el trabajador que resultase perjudicado puede rescindir su contrato percibiendo una indemnización de 20 días de salario por año de servicio prorrateándose por meses los períodos inferiores a un año y con un máximo de nueve meses.

Analizando las diferencias entre ambos procesos: STS n.º 971/2017, de 29 de noviembre de 2017, ECLI:ES:TS:2017:4720; STS, rec. 155/2015, de 6 julio, ECLI:ES:TS:2016:3906; STS, rec. 315/2013, de 23 de junio de 2015, ECLI:ES:TS:2015:3294, etc.

c) La situación del trabajador antes y después de la posible MSCT

El contexto convencional e individual, la entidad del cambio y el perjuicio que supone para los afectados. (STSJ de Cataluña, rec. 4019/2022, de 16 de diciembre del 2022, ECLI:ES:TSJCAT:2022:11929).

d) Alcance temporal o definitivo de la modificación

Los tribunales distinguen, y con ello excluyen, generalmente del concepto de modificación sustancial las alteraciones que no son definitivas sino que vienen a ser temporales y que se limitan a un corto periodo de tiempo (STSJ de Extremadura, rec. 225/1998, de 29 de abril de 1998, ECLI:ES:TSJEXT:1998:636).

2. El reconocimiento de la MSCT por la propia empresa

Si la propia empresa reconoce el carácter sustancial de la modificación en las reuniones con los representantes sindicales, esta calificación, aunque no vincule a los Tribunales en caso de cambio de criterio, si la vincula a ella cuando adquiera el compromiso de negociar las condiciones de la modificación siguiendo el art. 41 del ET, conforme al artículo 1258 del Código Civil. (STS n.º 865/2018, de 26 de septiembre, ECLI:ES:TS:2018:3460).

1.3. Regulación de las modificaciones sustanciales y negociación colectiva

El convenio puede establecer características propias para la realización de una MSCT, siendo habitual que se regulen procedimientos, interlocutores y métodos para la posible resolución de discrepancias en caso de falta de acuerdo en el periodo de consultas.

El número 4 del artículo 41 ET dispone lo siguiente:

> «4. Sin perjuicio de los procedimientos específicos que puedan establecerse en la negociación colectiva, la decisión de modificación sustancial de condiciones de trabajo de carácter colectivo (...)»

De la norma estatutaria se entiende que determinadas condiciones para la modificación sustancial de las condiciones de trabajo de carácter colectivo (o individual) pueden verse reflejadas en el convenio colectivo y se plantean diversos escenarios:

1. Modificación de las condiciones anteriores por un nuevo convenio

Dentro del respeto a las leyes, los convenios podrán regular materias de índole económica, laboral, sindical y, en general, cuantas otras afecten a las condiciones de empleo y al ámbito de relaciones de los trabajadores y sus organizaciones representativas con el empresario y las asociaciones empresariales, incluidos procedimientos para resolver las discrepancias surgidas en los períodos de consulta previstos en los supuestos de movilidad geográfica, modificaciones sustanciales de condiciones de trabajo, suspensión del contrato o reducción de jornada por causas económicas, técnicas, organizativas o de producción o derivadas de fuerza mayor y despido colectivo (arts. 40, 41, 47 y 51 del ET).

En este caso no podemos hablar propiamente de una MSCT. Operan las previsiones de eficacia, retroactividad y vigencia de los convenios.

> Art. 82.4 del ET:
> «El convenio colectivo que sucede a uno anterior puede disponer sobre los derechos reconocidos en aquel. En dicho supuesto se aplicará, íntegramente, lo regulado en el nuevo convenio».
> Art. 86.5 del ET:
> «El convenio que sucede a uno anterior deroga en su integridad a este último, salvo los aspectos que expresamente se mantengan».

A los efectos de mantenimiento de las condiciones anteriores también jugará un papel importante la compensación y absorción (art. 26.5 del ET) sobre determinadas materias.

2. Cláusulas que repiten a la norma estatutaria o vigente

Con carácter general un gran número de convenios, a pesar de regular la MSCT, remitirán al art. 41 del ET o normativa vigente en materia de modificación sustancial. En estos casos, a falta de ninguna concreción específica, se aplicará el ET. [Ej.: convenio colectivo provincial de trabajo de transporte de viajeros por carretera para Almería y su provincia (Boletín Oficial de Almería n.º 136 de 18/07/2022].

3. Cláusulas concretando aspectos procedimentales distintos a los de MSCT reconocidos en el art. 41 del ET

También ocupa un espacio relevante en cuanto a número de convenios una posible regulación del procedimiento de la modificación sustancial de las condiciones de trabajo de carácter colectivo distinto al del art. 41 del ET, en aspectos como: **remisión a la intervención de la comisión paritaria, aspectos relacionados con la comunicación de la MSCT, regulación de interlocutores concretos para la negociación, remisión a la mediación o arbitraje, etc.**

En este caso, siempre teniendo presente la necesidad de respetar lo establecido en la normativa vigente, las obligaciones establecidas, generalmente sobre interlocutores válidos para el proceso de negociación y especificaciones en cuanto a la comunicación, deben ser respetadas y aplicadas. También es factible la remisión del posible conflicto a la comisión paritaria del convenio o, en caso de atasco en la negociaciones, al servicio de mediación u arbitraje que corresponda.

Como ej. de este aspecto podemos citar:

Convenio colectivo del sector hostelería de Zaragoza (Boletín Oficial de Zaragoza n.º 81 de 09/04/2022):

> **Art. 56. Procedimiento de la modificación sustancial de las condiciones de trabajo de carácter colectivo.**
> «Las empresas que decidan proceder a modificaciones sustanciales de trabajo de carácter colectivo, se someterán a lo establecido en la normativa vigente.
> En las empresas en las que exista representación legal de los trabajadores, comités de empresa o delegados de personal, la negociación será competencia de la representación legal de los trabajadores, pudiendo contar con el asesoramiento que decidan.
> En las empresas en las que no exista representación legal de los trabajadores, la empresa comunicará al conjunto de la plantilla la decisión de proceder a la modificación sustancial de las condiciones de trabajo, procediéndose a la elección de tres trabajadores como máximo o a designar

la participación de representantes de los sindicatos más representativos y con representación en el sector, legitimados para la negociación del convenio colectivo. En cualquier caso los trabajadores podrán contar con el asesoramiento que decidan.

No obstante y en cumplimiento de la normativa, para solventar de manera efectiva las discrepancias en la negociación, y en caso de no alcanzar un acuerdo, antes de proceder a la modificación, las partes se someterán a la intervención de la comisión paritaria que deberá pronunciarse en el plazo máximo de siete días para garantizar la rapidez y efectividad de la misma y la salvaguarda de los derechos afectados, transcurridos los cuales se entenderá que no ha llegado a acuerdo alguno.

En los supuestos en que no se pronuncie la Comisión o no se consiga el acuerdo en su seno, se acudirá al Servicio Aragonés de Mediación y Arbitraje (SAMA).Cláusulas de prohibición y posibilidad de regulación convencional del procedimiento de modificación individual».

Convenio colectivo estatal del sector de pastas, papel y cartón para el periodo 2023-2025 (BOE n.º 243, de 11 de octubre de 2023)

Art. 12. Apdo. 16. Modificación de Horarios.
«En los casos de modificaciones de los horarios de trabajo existentes, y de no haber acuerdo sobre las mismas con el personal interesado, es competencia de la RLPT acudir a la Jurisdicción Laboral competente.

La empresa no podrá poner en práctica la modificación hasta que no resuelva dicha autoridad».

Convenio colectivo general del sector de la construcción (BOE n.º 228 de 23/09/2023):

Artículo 112. Funciones y procedimientos de la Comisión Paritaria.
«f) En el caso de, que tras el correspondiente periodo de consultas establecido en el artículo 41.4 del E.T., no se alcanzase acuerdo en la empresa en la negociación de la modificación sustancial de condiciones de trabajo regulada en el número 6 de dicho precepto, deberán remitirse las actuaciones dentro de los 5 días siguientes a la correspondiente Comisión Paritaria a fin de que ésta solvente las discrepancias».

4. Cláusulas de remisión a la decisión de la empresa

Resulta controvertido, pero existen casos, validados por los tribunales (STS, rec. 4155/1999, de 17 de julio de 2000, ECLI:ES:TS:2000:5914), en los que un convenio colectivo permite realizar una MSCT de forma unilateral por la empresa, es decir, sin que existan razones económicas, técnicas, organizativas o de producción que lo justifiquen y sin seguirse lo previsto en el art. 41 del Estatuto de los Trabajadores. Estas modificaciones empresarial se circunscriben a los términos habilitados por el convenio colectivo y no ha de exigirse procedimiento fijado en el art. 41 del ET.

RESOLUCIÓN RELEVANTE

STSJ del País Vasco, rec. 1045/2023, de 17 de junio de 2023, ECLI:ES:TSJPV:2023:1531

«(...) pueden existir Convenios Colectivos que fijen sistemas de modificaciones específicas en materia por ejemplo de horarios o de organización del trabajo en los que el TS ha venido a señalar que tal modificación empresarial se circunscribe a los términos habilitados por el Convenio Colectivo y no ha de exigirse procedimiento fijado en el art. 41 del ET (Sentencia TS 17-7-2000. Recurso 4155/99 y en Suplicación Sentencia del TSJ de Cataluña de 5-5- 2005. Recurso 9564/2004 y Sentencia del TSJ de Comunidad Valenciana de 31-5-2005. Recurso 3688/04) piénsese que tales clausulados que eventualmente pueden atribuir potestades de modificación debido ya la autonomía individual o a la voluntad unilateral del empresario tienen que ser conforme a la Ley y al Convenio Colectivo de aplicación, cual es el caso, sin que con ello se vacie el régimen de modificaciones sustanciales mediante la atribución incondicionada o en blanco de facultades modificativas al empleador ni suponga una renunciabilidad de derecho, pues la misma se confiere en el propio Convenio Colectivo y por ello no altera ningún precepto constitucional (art. 37) ni ordinario (art.82 del ET)».

A modo de ejemplo podemos citar:

Art. 61 del convenio colectivo provincial de trabajo para las empresas de transporte de mercancías por carretera de Almería (Boletín Oficial de Almería n.º 24 de 05/02/2003).

«**Artículo 61.- Sistema de remuneración con incentivo.**

El establecimiento o no de sistemas de remuneración con incentivo, que es facultad de la Dirección de la empresa, se llevará a efecto previa la participación de la representación de los trabajadores en los términos previstos en el artículo 64 del Estatuto de los Trabajadores. Si los implantara con carácter experimental y su resultado no fuese satisfactorio, podrá suprimirlos unilateralmente, por propia iniciativa o deberá hacerlo a instancia de la representación de los trabajadores, dentro del plazo de un año a contar desde su implantación, sin que en tal supuesto, por no tener carácter consolidable el sistema de remuneración con incentivo, se derive derecho alguno adquirido para los trabajadores afectados, y sin que los rendimientos comprobados durante la fase experimental del sistema de remuneración con incentivo sean vinculantes posteriormente para ninguna de las partes.

La ulterior modificación sustancial del sistema de remuneración con incentivo se acomodará a lo dispuesto en el artículo 41 del Estatuto de los Trabajadores».

5. Cláusulas de prohibición de MSCT

La prohibición expresa en el convenio colectivo sobre la realización de MSCT de forma general no es habitual y su legalidad resultaría controvertida en el supuesto de que la empresa pudiese demostrar la existencia de las causas legalmente previstas en el ET. Otra cosa sería prohibir aspectos concretos como la modificación de horarios, la prestación de servicios en ciertas fechas, etc.

JURISPRUDENCIA

STS n.º 116/2023, de 8 de febrero del 2023, ECLI:ES:TS:2023:438

Para el TS, el cambio de horarios de los trabajadores de lunes a viernes, a hacerlo los fines de semana, es nulo al no haberse seguido el trámite previsto en el artículo 41 del Estatuto de los Trabajadores (aunque lo permita el convenio).

«Si bien el Convenio Colectivo de aplicación prevé la distribución irregular de la jornada para la prestación del servicio y los contratos de los trabajadores incluían una jornada de lunes a domingo, según las necesidades del servicio, con distribución irregular, la realidad es que los trabajadores del departamento de emisión han venido prestando sus servicios de lunes a viernes. Ello constituye una condición más beneficiosa que se incorporó a sus contratos de trabajo, de modo que únicamente cabe su alteración a través del oportuno proceso de modificación sustancial de condiciones de trabajo de naturaleza colectiva (art. 41 ET). Y al no haberlo hecho así la empresa, ha de concluirse que la modificación unilateral de la jornada y distribución del tiempo de trabajo comunicada por esta a los trabajadores en abril de 2018, resultó nula debiendo la demandada reponer a los mismos en sus anteriores condiciones de trabajo».

2.
TIPOS DE MODIFICACIÓN SUSTANCIAL DE LAS CONDICIONES DE TRABAJO: ¿CÓMO SE REALIZA LA MSCT INDIVIDUAL Y COLECTIVA?

Según el ET, las MSCT son consideradas de carácter colectivo si afectan a un número determinado de trabajadores, y de carácter individual si no alcanza los umbrales establecidos.

2.1. Distinción de modificaciones individuales y colectivas en las condiciones de trabajo

La empresa podrá modificar las condiciones de trabajo por razones técnicas, organizativas, económicas o de producción según lo establece la ley, pudiendo afectar a los trabajadores en lo referente a jornada, horario, régimen de trabajo, sistema de remuneración, sistema de trabajo y rendimiento, o funciones.

Estas modificaciones tendrán carácter individual o colectivo:

Se considera de **carácter colectivo** la modificación que, en un período de 90 días, afecte al menos a:

- 10 trabajadores, en las empresas que ocupen menos de 100 trabajadores.

- El 10 % del número de trabajadores de la empresa en aquellas que ocupen entre 100 y 300 trabajadores.

- 30 trabajadores, en las empresas que ocupen más de 300 trabajadores.

Se considera de **carácter individual** la modificación que, en el periodo de referencia establecido, no alcance los umbrales señalados para las modificaciones colectivas.

La escala transcrita referida a las modificaciones sustanciales de condiciones de trabajo es la misma que utiliza el Estatuto de los Trabajadores en el resto de ocasiones en las que diferencia una determinada medida empresarial como individual o colectiva, como ocurre en los traslados (art. 40.2 ET) y despidos por causas económicas, técnicas, organizativas o productivas [arts. 51.1 y 52 c) del ET].

A TENER EN CUENTA. Para la determinación del carácter colectivo o individual de la modificación sustancial de condiciones de trabajo en función del número de trabajadores afectados, el ámbito de cómputo es la empresa y no el centro de trabajo. (STS n.º 787/2019, de 19 de noviembre, ECLI:ES:TS:2019:4229).

RESOLUCIÓN RELEVANTE

STJUE de 13 de mayo de 2015 (asunto Ruiz Conejero), ECLI:EU:C:2015:318

Entendió que la normativa española no se adaptaba fielmente a la Directiva de la Unión Europea 98/59, puesto que esta se refería a centro de trabajo, mientras que la normativa interna expresamente señalaba a la empresa como el espacio físico y material donde hay que realizar los cómputos.

Como consecuencia de este fallo, la jurisprudencia española (STS n.º 848/2016, de 17 de octubre de 2016, ECLI:ES:TS:2016:4408 y STS n.º 312/2017, de 6 de abril de 2017, ECLI:ES:TS:2017:1759), realizando una interpretación conforme del artículo 51.1 ET a la Directiva 98/1959, concluyó que la unidad de cómputo debe ser el centro de trabajo de más de veinte trabajadores en aquellos casos en que los despidos que se producen en un centro de trabajo aisladamente considerado exceden de los umbrales del artículo 51.1 ET.

JURISPRUDENCIA

STS, rec. 173/2010, de 30 de Junio de 2011, ECLI:ES:TS:2011:5459

El que las modificaciones sustanciales del contrato de trabajo tengan carácter individual o colectivo no depende del número de trabajadores afectados ni de su identificación (art. 41.2 del ET), sino de que las condiciones sustanciales a alterar tengan su origen bien en un derecho de disfrute individual, bien en un acuerdo o pacto colectivo o sean disfrutadas en virtud de una decisión unilateral del empresario de efectos colectivos.

RESOLUCIÓN RELEVANTE

SAN n.º 92/2018, de 4 de junio de 2018, ECLI:ES:AN:2018:2483

«(...) al afectar la recolocación de los trabajadores a cuatro trabajadores, la conclusión es que no se trata de una modificación sustancial de condiciones de trabajo colectiva por cuanto que no se superan los umbrales numéricos establecidos en el artículo 41.2 c) del ET, al ser notorio que en la empresa ocupa más de 300 trabajadores».

2.2. Modificaciones sustanciales de las condiciones de trabajo de carácter colectivo

Las modificaciones sustanciales de las condiciones de trabajo de carácter colectivo, en un periodo de noventa días, han de afectar al menos a: a) diez trabajadores, en las empresas que ocupen menos de cien trabajadores; b) el diez por ciento del número de trabajadores de la empresa en aquellas que ocupen entre cien y trescientos trabajadores; c) treinta trabajadores, en las empresas que ocupen más de trescientos trabajadores.

Antes del desarrollo de este apartado, como ejemplos analizados por la jurisprudencia en relación a la existencia o inexistencia de MSCT colectiva, podemos citar:

- Necesidad de que la decisión final que adopta la empresa, tras el periodo de consultas cerrado sin acuerdo, se **notifique a los representantes de los trabajadores**. Su ausencia determina la nulidad de la medida. Reiterando doctrina las sentencias siguientes: STS, rec. 53/2012, de 21 de mayo de 2013, ECLI:ES:TS:2013:3167; STS, rec. 289/2013, de 21 de octubre de 2014, ECLI:ES:TS:2014:5700; y STS n.º 514/2016, de 9 de junio de 2016, ECLI:ES:TS:2016:3228), se considera nula la MSCT colectiva cuya decisión final, adoptada tras periodo de consultas sin acuerdo, no se notifica a los representantes de los trabajadores. (**STS n.º 337/2018, de 22 de marzo, ECLI:ES:TS:2018:1213**).

- Se considera MSCT colectiva la modificación en el **sistema retributivo** implantado en la empresa en virtud de una decisión unilateral. Concretamente, a partir de determinado momento, la empresa, de forma unilateral y sin someterse a procedimiento previo alguno, estableció que para el percibo de ese anticipo de la cantidad variable mensual, el trabajador tendría que acreditar la venta. (**STS, rec. 4512/2007 de 20 de enero de 2009, ECLI:ES:TS:2009:171**).

- Se considera MSCT colectiva la modificación en el sistema de **incentivos** implantado: «*(...) en virtud de dichas modificaciones decididas por la empresa, se alteran los dos elementos clave de cualquier plan de incentivos: en primer lugar, el peso que tienen los cumplimientos de los diversos objetivos sobre la cuantía de los incentivos (que varían con respecto al precedente, "ya que las ventas o captaciones reducen su participación al 50 %...")*; y, *en segundo lugar, la periodificación para computar el cumplimiento de los objetivos, que pasa de ser trimestral, coincidiendo con los trimestres naturales, a eliminar esta coincidencia y también esa regularidad (podrán ser períodos trimestrales pero también de mayor duración), para lo cual, precisamente, se emplea la fórmula que hemos aceptado introducir en el hecho probado sexto a petición de la propia empresa recurrente. Por lo tanto, estamos ante el supuesto de hecho que determina la aplicación del artículo 41 ET*». (**STS, rec. 18/2013, de 23 de enero de 2014, ECLI:ES:TS:2014:465**).

- Se considera la inexistencia MSCT colectiva **incrementa la jornada de trabajo** al establecer que los 7,5 minutos del *«descanso para el bocadillo»* no es tiempo de trabajo efectivo. (**STS n.º 622/2017, de 13 de julio, ECLI:ES:TS:2017:3161**).

- Se considera la inexistencia MSCT colectiva por la **implantación por la empresa de un nuevo sistema informático de gestión de tiempos**. No es exigible la información previa a la representación laboral. (**STS n.º 681/2016, de 19 de julio, ECLI:ES:TS:2016:40**).

2.2.1. Iniciación del procedimiento para la modificación sustancial de las condiciones de trabajo

La iniciación del procedimiento para una MSCT coincide con las distintas actuaciones que el ET impone obligatoriamente a la persona empleadora en estos casos.

Toda modificación sustancial colectiva requiere (STS, rec. 180/2014, de 16 de julio de 2015, ECLI:ES:TS:2015:3810):

- Que existan —y se acrediten— **razones económicas, técnicas, organizativas y de producción**, conceptos en cuya intelección ha de atenderse a los normativamente expuestos para el despido colectivo, la suspensión colectiva de contratos o el «descuelgue» del convenio colectivo, de forma que el punto de inferencia ha de hallarse más en la «mejoría de la situación» que en la existencia de verdadera «crisis empresarial».

- Que las medidas a adoptar se justifiquen en términos de **idoneidad** [adecuación para conseguir el fin pretendido] y proporcionalidad en sentido estricto [equilibrio, atendiendo los bienes en conflicto].

- El cumplimiento de cualquier **procedimiento específico que pueda establecerse la negociación colectiva**.

- Una **comunicación de la intención de iniciar una MSCT de carácter colectivo** por parte del empresario.

- La **constitución de la comisión representativa** por parte de los trabajadores con carácter previo a la comunicación empresarial de inicio del procedimiento de consultas.

- **Entrega a la RLT de la documentación** justificativa para la aplicación de una MSCT de carácter colectivo

- **Realización de un periodo de consultas con los representantes legales de los trabajadores**, de duración no superior a quince días, orientado —con la presencia siempre obligada de buena fe negociadora— a reducir el impacto de las medidas sobre los intereses de los trabajadores.

- El empresario y la RLT podrán acordar en cualquier momento la **sustitución del periodo de consultas por el procedimiento de mediación o arbitraje**.

- La decisión sobre la modificación colectiva de las condiciones de trabajo será **notificada** por el empresario a los trabajadores una vez finalizado el periodo de consultas sin acuerdo y surtirá efectos en el plazo de los siete días siguientes a su notificación

1. Comunicación de la intención de iniciar una MSCT de carácter colectivo y constitución de la comisión representativa de los trabajadores

La dirección de la empresa deberá comunicar de manera fehaciente a los trabajadores o a sus representantes su intención de iniciar el procedimiento de modificación sustancial de condiciones de trabajo.

Debido a la necesidad de que la **comisión representativa de los trabajadores** quede constituida con carácter previo a la comunicación empresarial de inicio del procedimiento de consultas, el empresario ha de tener en cuenta el plazo máximo para la constitución de la comisión representativa —**siete días** desde la fecha de la referida comunicación, salvo que alguno de los centros de trabajo que vaya a estar afectado por el procedimiento no cuente con representantes legales de los trabajadores, en cuyo caso el plazo será de **quince días**—.

Respecto de la constitución de la comisión representativa:

- Sus características se definen en el art. 41.4 del ET.
- Transcurrido el plazo máximo para la constitución de la comisión representativa, la dirección de la empresa podrá comunicar el inicio del periodo de consultas a los representantes de los trabajadores.
- La falta de constitución de la comisión representativa no impedirá el inicio y transcurso del periodo de consultas, y su constitución con posterioridad al inicio del mismo no comportará, en ningún caso, la ampliación de su duración

2. Documentación justificativa para la aplicación de una MSCT de carácter colectivo

En los supuestos de modificación sustancial de carácter colectivo, la normativa básica en la materia —art. 41 del ET y Real Decreto 1483/2012, de 29 de octubre— no establece ninguna premisa respecto a la **documentación en los supuestos de modificaciones sustanciales de carácter colectivo.**

A falta de especificación por la normativa, la jurisprudencia considera obligada la presencia tanto de aquellos documentos que acrediten la concurrencia de las causas, cuanto los que justifiquen las correspondientes medidas a adoptar y en todo caso —con carácter general— todos aquellos que permitan cumplir con la finalidad del periodo de consultas.

> **JURISPRUDENCIA**
>
> **STS, rec. 83/2017, de 26 de junio de 2018, ECLI:ES:TS:2018:2905**
>
> Expone la doctrina jurisprudencial relativa a la información y documentación que la empresa debe facilitar a la representación de los trabajadores durante el periodo de consultas del art. 41 ET.

Dicho lo anterior —y sin perjuicio de la documentación específica que pueda establecerse en la negociación colectiva—, con el fin de proporcionar un listado documental inicial a modo orientativo, sería recomendable recurrir a los arts. 4, 5 y 18 del Real Decreto 1483/2012, de 29 de octubre, donde se establece como documentación acreditativa:

- Memoria explicativa de las causas económicas, tecnológicas y productivas que motivan la solicitud.
- Documentación económica que consistirá en el balance y la cuenta de resultados.
- Declaración del Impuesto de Sociedades.
- Informe relativo a los aspectos financieros, productivos, comerciales y organizativos de la empresa.
- Informe del censor, jurado de cuentas y/o informe de auditoría.
- Previsiones de la empresa para los años siguientes.
- Medidas de carácter general y específicas que tenga previsto tomar para solucionar la situación (plan de futuro).

En cualquier caso, la documentación aportada tiene como objetivo **justificar en el periodo de consultas las razones que mueven al empresario a modificar las condiciones**, de suerte que si con ella logra alcanzar con la RLT un acuerdo, se presume que las causas alegadas concurren (art. 41.4, último párrafo, del ET). Pero si no se alcanza un acuerdo, el empresario viene obligado en sede judicial a acreditar la concurrencia de las causas ETOP (tal como indica el art. 41.1 del ET).

A TENER EN CUENTA. Siguiendo la doctrina existente, hemos de entender que en la modificación sustancial de condiciones de trabajo no es exigible toda la documentación que el RD 1483/2012 establece para el despido colectivo, y, aunque se admitiera que pudiera exigirse dicha documentación, la falta de algún documento no comportaría *per se* la nulidad de la modificación. (STS, n.º 512/2023, de 17 de julio de 2023, ECLI:ES:TS:2023:3391).

CUESTIÓN

Si durante el periodo de consultas la RLT solicita algún tipo de documentación concreto y la empresa no lo aporta, ¿la MSCT será nula?

Será necesario analizar en qué medida la parte social se vio privada de una información o documentación que resultara conveniente para poder formar su opinión y, por ende, diseñar su postura. (STS n.º 739/2020, de 8 de septiembre de 2020, ECLI:ES:TS:2020:2893).

A pesar de los términos en que se expresa la distinta normativa [a modo de ej.: arts. 4.2 del RD 1483/12 (el empresario «deberá aportar»); 124 de la LRJS (se «declarará nula la decisión extintiva» cuando «no se haya respetado lo previsto» en el art. 51.2 ET); etc.], no toda ausencia documental por fuerza ha de llevar a la referida declaración de nulidad, sino que de tan drástica consecuencia han de excluirse —razonablemente— aquellos documentos que resulten intrascendentes a los efectos que la norma persigue [proporcionar información que consienta una adecuada negociación en orden a la consecución de un posible acuerdo sobre los despidos y/o medidas paliativas [art. 63.2 LRJ y PAC y art. 207.c) LRJS].

JURISPRUDENCIA

STS, n.º 512/2023, de 17 de julio de 2023, ECLI:ES:TS:2023:3391

En el proceso, los documentos de propia elaboración aportados en el periodo de consultas, a no ser que vengan soportados por otras fuentes que los acrediten, no constituyen prueba de ningún tipo, sino que sólo sirven para plasmar la posición de parte, pero no la demuestran.

STS n.º 739/2020, de 8 de septiembre de 2020, ECLI:ES:TS:2020:2893

Se declara la negociación de la MSCT de mala fe por no aportar la empresa cuentas provisionales tercer trimestre 2017 y mantener un postura inamovible durante reuniones periodo consultas.

RESOLUCIONES RELEVANTES

SAN n.º 216/2013 de 2 de diciembre, ECLI:ES:AN:2013:5398

Se establece que, a pesar de no aportar los documentos exigidos legal y reglamentariamente, la empresa explicó sobradamente sus razones, acreditó problemas de competitividad y productividad, aclaró las dudas de los representantes de los trabajadores y realizó ofrecimientos relevantes —aun sin ser aceptados por la parte contraria— , ha de entenderse que la empresa, aunque habiendo podido aportar la documentación exigida, aportó documentación suficiente para permitir que el período de consultas alcanzase sus fines.

STS n.º 342/2017, de 21 de abril, ECLI:ES:TS:2017:1760

Se declara la nulidad de la MSCT colectiva relativa a la alteración tiempo de trabajo y salario, por no entregarse la documentación referida a las causas que la justifiquen y de una verdadera negociación con los representantes de los trabajadores.

2.2.2. Periodo de consultas

«Sin perjuicio de los procedimientos específicos que puedan establecerse en la negociación colectiva, la decisión de modificación sustancial de condiciones de trabajo de carácter colectivo deberá ir precedida de un período de consultas con los representantes legales de los trabajadores de duración no superior a quince días».

El art. 41.4 del ET deja patente la trascendencia del período de consultas previo a la decisión de modificación sustancial de condiciones, configurándolo no como un mero trámite preceptivo, sino como una verdadera negociación colectiva, entre la empresa y la representación legal de los trabajadores, tendente a conseguir un acuerdo, que en la medida de lo posible, evite o reduzca los efectos de la decisión empresarial, así como sobre las medidas necesarias para atenuar las consecuencias para los trabajadores de dicha decisión empresarial, negociación que debe llevarse a cabo por ambas partes de buena fe.

La ausencia de un periodo de consultas en caso de MSCT colectiva —con el alcance y contenido que exige el art. 41.4 del ET— supondrá la nulidad de la modificación sustancial.

Sin perjuicio de los procedimientos específicos que puedan establecerse en la negociación colectiva, la decisión de modificación sustancial de condiciones de trabajo de carácter colectivo deberá ir precedida de un período de consultas con los representantes legales de los trabajadores de **duración no superior a quince días** (art. 41.4 del ET).

Las características principales del periodo de consultas para el MSCT colectiva son:

Modificaciones sustanciales de condiciones de trabajo de carácter colectivo (art. 41 del ET)	La decisión de modificación sustancial de condiciones de trabajo de carácter colectivo deberá ir precedida de un periodo de consultas. Por convenio pueden fijarse requisitos concretos.	
	Duración	No superior a quince días.
	Asunto	• Causas motivadoras de la decisión empresarial. • Posibilidad de evitar o reducir sus efectos. • Medidas necesarias para atenuar sus consecuencias para los trabajadores afectados.
	Intervención como interlocutores ante la dirección de la empresa	Corresponde a los sujetos indicados en el apdo. 4 del art. 41 del ET, en el orden y condiciones señalados en el mismo.
	Comunicación a la autoridad laboral	No.
	Notificación a los trabajadores	La dirección de la empresa podrá comunicar el inicio del periodo de consultas a los representantes de los trabajadores. La decisión sobre la modificación colectiva de las condiciones de trabajo será notificada por el empresario a los trabajadores una vez finalizado el periodo de consultas sin acuerdo y surtirá efectos en el plazo de los siete días siguientes a su notificación.
	Actuación del trabajador ante la medida acordada	- Periodo de consultas con acuerdo: • Impugnación solo por la existencia de fraude, dolo, coacción o abuso de derecho en su conclusión. • El trabajador podrá rescindir su contrato y percibir una indemnización de veinte días de salario por año de servicio prorrateándose por meses los periodos inferiores a un año y con un máximo de nueve meses. - Periodo de consultas sin acuerdo: • Aceptación. • Reclamación en conflicto colectivo. - Extinción del contrato percibiendo una indemnización de veinte días de salario por año de servicio prorrateándose por meses los periodos inferiores a un año y con un máximo de nueve meses.

Modificaciones sustanciales de condiciones de trabajo de carácter colectivo (art. 41 del ET)	Peculiaridades	• La consulta se llevará a cabo en una única comisión negociadora. Si existen varios centros de trabajo, quedará circunscrita a los centros afectados por el procedimiento.
		• La comisión negociadora estará integrada por un máximo de trece miembros en representación de cada una de las partes.
		• La modificación de las condiciones de trabajo establecidas en los convenios colectivos regulados en el título III deberá realizarse conforme a lo establecido en el apdo. 3 del 82 del ET.
		• En materia de traslados se estará a lo dispuesto en las normas específicas establecidas en el artículo 40.

Al respecto la **SAN n.º 119/2013, de 12 de junio de 2013, ECLI:ES:AN:2013:2467,** ha razonado que la expresión contenida en el art. 41.4 del ET a la que se hace referencia *«(...) significa únicamente que, superado el plazo antes citado, considerado suficiente por el legislador para que las partes alcancen acuerdos, ninguna de las partes puede compeler a la otra a prolongar artificialmente la negociación, puesto que, si se admitiera dicha prolongación, cuando las partes han agotado sus argumentaciones en el plazo establecido legalmente, se restaría toda eficacia a las medidas de flexibilidad interna, cuyo éxito vendrá determinado esencialmente por su despliegue actualizado frente a las circunstancias económicas, técnicas, organizativas o de producción causantes de la medida. Por el contrario, cuando la negociación sigue abierta, impedir que llegue a buen puerto, cuando sea necesario un período más prolongado de negociación, quebraría la finalidad esencial del período de consultas, que es alcanzar acuerdos, puesto que la eficacia de una medida de flexibilidad interna o externa, acordada con los representantes de los trabajadores, es incomparablemente mayor que la impuesta unilateralmente por la empresa, aunque sea posteriormente convalidada por la jurisdicción».*

La **STS, rec. 180/2014, de 16 de julio de 2015, ECLI:ES:TS:2015:3810,** hace referencia a que en el marco de la obligación de negociación de buena fe, *«(...) ha de incluirse el deber de la empresa de ofrecer a la representación de los trabajadores la información necesaria sobre la medida y sus causas, más tampoco hay en el texto legal imposición formal alguna al respecto, bastando con que se produzca el intercambio efectivo de información».*

CUESTIONES

1. ¿Cómo se demostrará la buena fe en las negociaciones de una MSCT colectiva?

Habrá de analizarse en cada caso el alcance de la posición empresarial y la manera en la que han discurrido las negociaciones. Según la doctrina, la carencia de buena fe está ligada a la ausencia de un verdadero periodo de consultas, por lo que la mala fe ha de excluirse cuando se cumplen los deberes de información, se producen numerosas reuniones y hay variación sobre las posturas iniciales de la empresa. (STS, rec. 185/2014, de 22 de diciembre de 2014, ECLI:ES:TS:2014:5637).

2. ¿Debe existir un número mínimo de reuniones para la validez del periodo de consultas? ¿debe tratarse algún contenido concreto?

El art. 51.2 del ET no impone un número mínimo de reuniones ni un contenido concreto de las mismas. Para la validez del periodo de consultas para una MSCT colectiva habrá de estarse a la efectiva posibilidad de que los representantes legales de los trabajadores sean convocados al efecto, conozcan la intención empresarial y sus razones, y puedan participar en la conformación de la misma, aportando sus propuestas o mostrando su rechazo. En todo caso, la esencia del procedimiento estriba en la persistencia de la buena fe y la intención inicial de lograr un acuerdo. (SAN n.º 28/2023, de 8 de marzo de 2023, ECLI:ES:AN:2023:1281).

3. La designación genérica de toda la plantilla como potencialmente afectada, al inicio del período de consultas, ¿cumple con las exigencias legales?

Ha de valorarse la información en relación con las circunstancias concretas en cada caso. Si se hubiesen establecido criterios de selección que resultan suficientes al fin, y como ha considerado la STS, rec. 273/2013, de 25 de junio de 2014, ECLI:ES:TS:2014:3328, y la STS n.º 298/2024, de 16 de febrero del 2024, ECLI:ES:TS:2024:1093, podría considerarse válido.

JURISPRUDENCIA

STS, rec. 167/2021, de 17 de julio de 2023, ECLI:ES:TS:2023:3391

Se analizan las consecuencias de la ausencia de documentación exigible para acreditar la causa de la MSCT durante el periodo de consultas.

Deber de buena fe en la negociación

En el marco de la obligación legal de negociación de buena fe, ha de incluirse el deber de la empresa de ofrecer a la representación de los trabajadores la información necesaria sobre la medida y sus causas, no obstante, no existe imposición formal alguna al respecto, *«bastando con que se produzca el intercambio efectivo de información»*. (STS, rec. 52/2014, de 23 de septiembre de 2014, ECLI:ES:TS:2014:4973).

Tanto la jurisprudencia española como la comunitaria han otorgado al período de consultas un auténtico contenido de fondo, sin que se contemple como un mero trámite formal previo a la decisión empresarial modificativa. Así se ha señalado que no se trata *«de una simple dilatación en el tiempo de la materialización de las modificaciones, pues con ello se eleva el rango de la intervención de los representantes de los trabajadores a la categoría de negociación colectiva y se establecen cargas reales a las partes para que este período tenga contenido efectivo».* O dicho de otro modo, *«la voluntad del legislador no es la de introducir una mera declaración programática, sino un auténtico deber jurídico, del que derivarían específicas consecuencias jurídicas en caso de incumplimiento del mismo».* Es decir, **lo que impone el legislador es un deber de negociar, pero no la obligación de llegar a un acuerdo.** (STSJ de la Comunidad Valenciana n.º 1456/2008, de 8 de mayo, ECLI:ES:TSJCV:2008:2304).

Sobre la exigencia de negociar de buena fe en el marco del periodo de consultas previo, existe una consolidada doctrina jurisprudencial (STS, rec.

158/2013, de 26 de marzo de 2014, ECLI:ES:TS:2014:2031, votos particulares; STS, rec. 236/2011, de 16 de noviembre de 2012, ECLI:ES:TS:2012:7790), habiéndose interpretado:

- La expresión legal ofrece innegable generalidad, al no hacerse referencia alguna a las obligaciones que el deber comporta y (menos) a las conductas que pudieran vulnerarlo. Pero, en la configuración del mismo no cabe olvidar:

  • Que la previsión legal no parece sino una mera especificación del deber general de buena fe que corresponde al contrato de trabajo (como a todo contrato: art. 1258 del CC) y que en el campo de la negociación colectiva especifica el art. 89.1 del ET («ambas partes estarán obligadas a negociar bajo el principio de la buena fe»).

  • Desde el momento en que el ET instrumenta la buena fe al objetivo de «la consecución de un acuerdo» y que el periodo de consultas deberá versar *«la posibilidad de evitar o reducir sus efectos, así como sobre las medidas necesarias para atenuar sus consecuencias para los trabajadores afectados».* (STS, rec. 78/2012 de 27 de mayo de 2013, ECLI:ES:TS:2013:4017).

- Aun referido a un supuesto de periodo de consultas en un procedimiento de modificación sustancial de condiciones de trabajo, se afirma que *«se evidencia la trascendencia que el Legislador quiere dar al período de consultas (...) configurándolo no como un mero trámite preceptivo, sino como una verdadera negociación colectiva, entre la empresa y la representación legal de los trabajadores, tendente a conseguir un acuerdo, que en la medida de lo posible, evite o reduzca los efectos de la decisión empresarial, así como sobre las medidas necesarias para atenuar las consecuencias para los trabajadores de dicha decisión empresarial, negociación que debe llevarse a cabo por ambas partes de buena fe».*

Por parte de la doctrina comunitaria se ha defendido que el período de consultas constituye propiamente una manifestación de la negociación colectiva (STJUE n.º C-201/15, de 21 de diciembre de 2016 y SAN n.º 43/2018, de 13 de marzo, ECLI:ES:AN:2018:1259).

En el marco de esa obligación de negociación de buena fe han de incluirse el análisis (STSJ de Cataluña n.º 6256/2015, de 21 de octubre, ECLI:ES:TSJCAT:2015:10203 y STS, rec. 249/2013, de 21 de mayo de 2014, ECLI:ES:TS:2014:3324):

- Del deber de la empresa de ofrecer a la representación de los trabajadores la información necesaria sobre la medida y sus causas. En este punto ha de tenerse en cuenta que no hay en el texto legal imposición formal alguna al respecto, bastando con que se produzca el intercambio efectivo de información.

- Del alcance de la posición empresarial y la manera en la que discurren las negociaciones. Dado que la carencia de buena fe está ligada a la ausencia de un verdadero periodo de consultas, no podemos considerar existencia de mala fe cuando se cumplen los deberes de información, se producen numerosas reuniones y hay variación sobre las iniciales de la empresa; por el contrario, ha de apreciarse la falta de buena fe cuando se da la doble circunstancia de la falta de información a la representación de los trabajadores y el mantenimiento a ultranza de la posición empresarial desde el inicio.

La mala fe durante el periodo de negociación acarrea la declaración de nulidad de la MSCT ya que supone un vicio grave en la misma y equivale a su inexistencia. (STS n.º 861/2018, de 25 de septiembre de 2018. ECLI:ES:TS:2018:3463).

2.2.3. Interlocutores en el procedimiento de consultas

Como se ha citado, en consonancia con la redacción del art. 41.4 del ET, la intervención como interlocutores ante la dirección de la empresa en el procedimiento de consultas corresponderá a las **secciones sindicales** cuando éstas así lo acuerden, siempre que tengan la **representación mayoritaria** en los comités de empresa o entre los delegados de personal de los centros de trabajo afectados, en cuyo caso representarán a todos los trabajadores de los centros afectados. El procedimiento se regirá por las siguientes **reglas**:

a) Si el procedimiento afecta a un único centro de trabajo, corresponderá al comité de empresa o a los delegados de personal. En el supuesto de que en el centro de trabajo no exista representación legal de los trabajadores, estos podrán optar por atribuir su representación para la negociación del acuerdo, a su elección, a una comisión de un máximo de tres miembros integrada por trabajadores de la propia empresa y elegida por éstos democráticamente o a una comisión de igual número de componentes designados, según su representatividad, por los sindicatos más representativos y representativos del sector al que pertenezca la empresa y que estuvieran legitimados para formar parte de la comisión negociadora del convenio colectivo de aplicación a la misma.

En el supuesto de que la negociación se realice con la comisión cuyos miembros sean designados por los sindicatos, el empresario podrá atribuir su representación a las organizaciones empresariales en las que estuviera integrado, pudiendo ser las mismas más representativas a nivel autonómico, y con independencia de la organización en la que esté integrado tenga carácter intersectorial o sectorial. (STS, rec. 95/2013, de 1 de abril de 2014, ECLI:ES:TS:2014:3066).

b) Si el procedimiento afecta a más de un centro de trabajo, la intervención como interlocutores corresponderá:

1. En primer lugar, al **comité intercentros**, siempre que tenga atribuida esa función en el convenio colectivo en que se hubiera acordado su creación.

2. En otro caso, a una **comisión representativa** que se constituirá de acuerdo con las siguientes reglas (En todos los supuestos contemplados en este apartado, si como resultado de la aplicación de las reglas indicadas anteriormente el número inicial de representantes fuese superior a trece, estos elegirán por y entre ellos a un máximo de trece, en proporción al número de trabajadores que representen):

- 1.ª) Si todos los centros de trabajo afectados por el procedimiento cuentan con representantes legales de los trabajadores, la comisión estará integrada por estos.

- 2.ª) Si alguno de los centros de trabajo afectados cuenta con representantes legales de los trabajadores y otros no, la comisión estará integrada únicamente por representantes legales de los trabajadores de los centros que cuenten con dichos representantes. Y ello salvo que los trabajadores de los centros que no cuenten con representantes legales opten por designar la comisión a que se refiere el párrafo a), en cuyo caso la comisión representativa estará integrada conjuntamente por representantes legales de los trabajadores y por miembros de las comisiones previstas en dicho párrafo, en proporción al número de trabajadores que representen. En el supuesto de que uno o varios centros de trabajo afectados por el procedimiento que no cuenten con representantes legales de los trabajadores opten por no designar la comisión del párrafo a), se asignará su representación a los representantes legales de los trabajadores de los centros de trabajo afectados que cuenten con ellos, en proporción al número de trabajadores que representen.

- 3.ª) Si ninguno de los centros de trabajo afectados por el procedimiento cuenta con representantes legales de los trabajadores, la comisión representativa estará integrada por quienes sean elegidos por y entre los miembros de las comisiones designadas en los centros de trabajo afectados conforme a lo dispuesto en el párrafo a), en proporción al número de trabajadores que representen.

RESOLUCIÓN RELEVANTE

STSJ de Aragón, rec. 358/2023, de 19 de junio del 2023, ECLI:ES:TSJAR:2023:790

Tal y como establece el art. 41.4 del ET la legitimación para negociar corresponde con carácter prioritario a las secciones sindicales cuando estas así lo acuerden, siempre que tengan la representación mayoritaria en los comités de empresa o entre los delegados de personal de los centros de trabajo afectados, en cuyo caso representarán a todos los trabajadores de los centros afectados , y únicamente si no se dan dichos requisitos, esto es si no existen secciones sindicales, éstas no actúen como tales, o no tengan la representación mayoritaria en los comités de empresa o entre los delegados de personal de los centros de trabajo afectados, es cuando se procederá de la forma establecida en el apartado b), al tratarse de empresa con varios centros de trabajo.

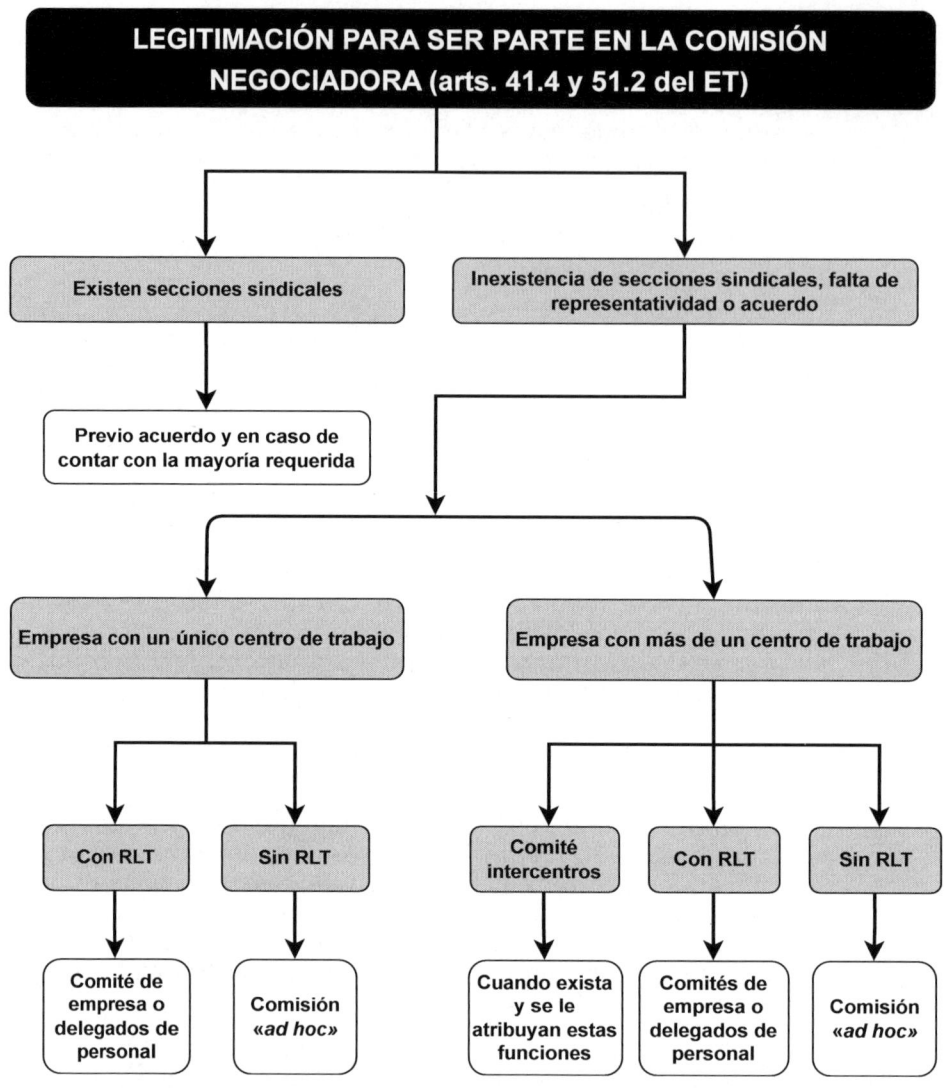

JURISPRUDENCIA

STS n.º 706/2019, de 10 de octubre, ECLI: ES:TS:2019:3652

Válida negociación de modificación sustancial de condiciones de trabajo de carácter colectivo directamente con la plantilla en empresa sin representantes legales de los trabajadores. Es válida la negociación con la totalidad de la plantilla, que voluntariamente opta por no designar la comisión representativa ad hoc del art. 41.4 del ET. Los trabajadores no actúan en la negociación a título individual, sino con carácter colectivo en los mismos términos y en sustitución de aquella comisión. Al acuerdo así alcanzado con la empresa por mayoría, se le debe atribuir la misma eficacia prevista para el que pudiere haberse conseguido con dicha comisión. (Se aplica STS, rec. 287/2014, de 23 de marzo de 2015, ECLI:ES:TS:2015:1912).

1. Comisión *ad hoc* representativa de los trabajadores

Cuando las personas trabajadoras carezcan de las formas institucionalizadas de representación colectiva (tanto de la unitaria como de la sindical), el art. 41.4.a) del ET (y arts. 40.2, 51.2, 47.1 y 82.3 del ET y 26 RD 1483/2012), permiten, con carácter supletorio, la designación de una *comisión ad hoc*.

De esta forma, como ya hemos visto en el apartado anterior, en las empresas sin representación legal de los trabajadores, éstos pueden elegir entre atribuir su representación para la negociación del acuerdo, a su elección, a una comisión de un máximo de tres miembros integrada por trabajadores de la propia empresa y elegida por éstos democráticamente o a una comisión de igual número de componentes designados, según su representatividad, por los sindicatos más representativos y representativos del sector al que pertenezca la empresa y que estuvieran legitimados para formar parte de la comisión negociadora del convenio colectivo de aplicación a la misma.

En este caso la limitación numérica —tres miembros— que la ley dispone para la comisión *ad hoc*, tiene el objetivo de favorecer la fluidez en las negociaciones a la par que procurar una cierta equiparación entre las partes en el periodo de consultas, habida cuenta de que se trata de pequeñas empresas [por ello los trabajadores no tienen tan siquiera representación legal] y es muy presumible que la empleadora acuda a negociar con escaso personal de asesoramiento [si es que le acompaña alguno]. No obstante, la STS n.º 706/2019, de 10 de octubre de 2019, ECLI:ES:TS:2019:3652, ha validado la negociación con toda la plantilla (16 trabajadores), que opta por no designar comisión representativa.

> **JURISPRUDENCIA**
>
> **STS, rec. 287/2014, 23 de marzo de 2015, ECLI:ES:TS:2015:1912**
>
> *«(...) desde el momento en que la empresa acepta negociar con la totalidad de los trabajadores, pese a que la ley le facultaba para exigir una comisión limitada a tres miembros y le autorizaba para continuar el procedimiento sin interlocutores para el caso de aquella comisión no fuese elegida, mal puede rechazarse la validez de las reuniones llevadas a cabo por los propios trabajadores y no por los tres representantes que pudieran haber sido comisionados, habida cuenta de que es insostenible -en el campo de la representación voluntaria- negar validez a los que se negocia 'in propio nomine' y sólo atribuírsela a la hecha por otro 'in alieno nomine'; tal posibilidad únicamente existe en el ámbito de la representación legal, que el Derecho del Trabajo concreta en los numerosos preceptos que se remiten a la representación legal -unitaria y sindical-, y en los que la correspondiente actuación no puede ser llevada a cabo por los propios trabajadores afectados, sino -muy comprensiblemente- por sus representantes institucionales, más cualificados para ello que los propios afectados en las específicas materias para las que la establece.*
>
> *De todas formas conviene aclarar que lo precedentemente razonado no significa que la Sala dé carta de naturaleza a la voluntad de las partes para libremente sustituir la legal comisión ad hoc por la negociación directa de los trabajadores, sino tan sólo que las concretas circunstancias de caso [no excesivo número de trabajadores afectados; voluntad unánime de los mismos para negociar personalmente los despidos; allanamiento de casi la mitad de los trabajadores...],. nos llevan a excluir que tal defecto pueda comportar la consecuencia que le atribuye la decisión recurrida».*

2. Plazo para la designación de la comisión y consecuencias de su ausencia

La comisión representativa de los trabajadores deberá quedar constituida con carácter previo a la comunicación empresarial de inicio del procedimiento de consultas. A estos efectos, la dirección de la empresa deberá comunicar de manera fehaciente a los trabajadores o a sus representantes su intención de iniciar el procedimiento de modificación sustancial de condiciones de trabajo. El plazo máximo para la constitución de la comisión representativa será de **siete días** desde la fecha de la referida comunicación, salvo que alguno de los centros de trabajo que vaya a estar afectado por el procedimiento no cuente con representantes legales de los trabajadores, en cuyo caso el plazo será de **quince días**.

Transcurrido el plazo máximo para la constitución de la comisión representativa, la dirección de la empresa podrá comunicar el inicio del periodo de consultas a los representantes de los trabajadores.

La falta de constitución de la comisión representativa no impedirá el inicio y transcurso del periodo de consultas, y su constitución con posterioridad al inicio del mismo no comportará, en ningún caso, la ampliación de su duración.

CUESTIÓN

Si los trabajadores no eligen una comisión representativa y se negocian a negociar directamente, ¿el empresario pude adoptar la decisión de MSCT de manera unilateral?

Resultaría controvertido. En cualquier caso, si la MACT afectase a una condición de trabajo establecida en convenio colectivo estatutario, siempre requerirá acuerdo previo acuerdo entre el empresario y los representantes de los trabajadores (arts. 41.6 y 82.3 del ET).

2.2.4. Sustitución del periodo de consultas por el procedimiento de mediación o arbitraje en caso de MSCT colectiva

Durante el periodo de consultas el empresario y la representación de los trabajadores podrán acordar en cualquier momento la sustitución del periodo de consultas por el procedimiento de mediación o arbitraje que sea de aplicación en el ámbito de la empresa, que deberá desarrollarse dentro del plazo máximo señalado para dicho periodo (art. 41.4, párrafo quinto, del ET).

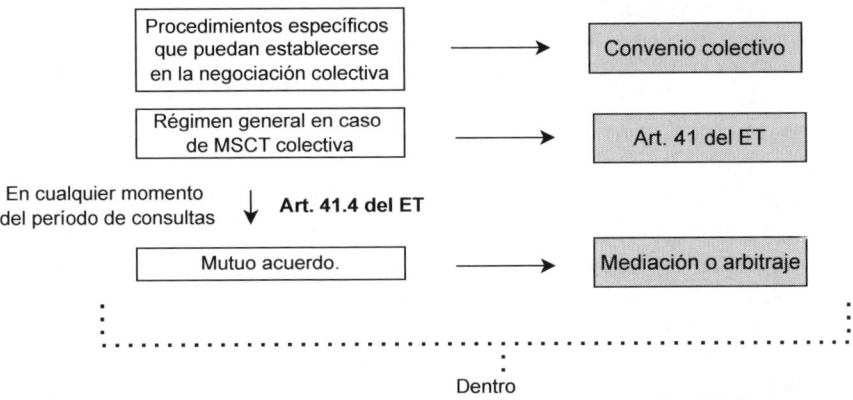

SUSTITUCIÓN DEL PERIODO DE CONSULTAS POR EL PROCEDIMIENTO DE MEDIACIÓN O ARBITRAJE

Conflictos derivados de discrepancias surgidas en el período de consultas para la modificaciones sustanciales de condiciones de trabajo:

Procedimientos específicos que puedan establecerse en la negociación colectiva → Convenio colectivo

Régimen general en caso de MSCT colectiva → Art. 41 del ET

En cualquier momento del período de consultas ↓ **Art. 41.4 del ET**

Mutuo acuerdo. → Mediación o arbitraje

Dentro del plazo máximo señalado para el periodo de consultas (15 días)

2.2.5. Acuerdo en el periodo de consultas sobre la MSCT colectiva y sus repercusiones

El precepto legal para la modificación sustancial de las condiciones de trabajo no impone un número mínimo de reuniones ni un contenido concreto de las mismas. Habrá de estarse a la efectiva posibilidad de que los representantes legales de los trabajadores sean convocados al efecto, conozcan la intención empresarial y sus razones, y puedan participar en la conformación de la misma, aportando sus propuestas o mostrando su rechazo. En todo caso, la esencia del procedimiento estriba en la persistencia de la buena fe y la intención inicial de lograr un acuerdo. (SAN n.° 215/2021, de 18 de octubre de 2021, ECLI: ES:AN:2021:4221).

Recordando lo establecido en la norma:

– El artículo 41.4 del ET prescribe en su primer párrafo que «*(...) la decisión de modificación sustancial de condiciones de trabajo de carácter colectivo deberá ir precedida en las empresas en que existan representantes legales de los trabajadores de un período de consultas con los mismos de duración no superior a quince días, que versará sobre las causas motivadoras de la decisión empresarial y la posibilidad de evitar o reducir sus efectos, así como sobre las medidas necesarias para atenuar sus consecuencias para los trabajadores afectados*». Ese mismo numeral acaba disponiendo que «Cuando el periodo de consultas finalice con acuerdo se presumirá que concurren las causas justificativas a que alude el apartado 1 y solo podrá ser impugnado ante la jurisdicción competente por la existencia de fraude, dolo, coacción o abuso de derecho en su conclusión (...)».

- El art. 41.1 del ET permite a la empresa «acordar» una MSCT; bajo esa dicción normativa entra tanto la decisión unilateral (art. 41.5) cuanto el pacto (art. 41.4). Quiere decirse que la norma atribuye a la empresa una facultad importante (que va más allá del ius variandi) pero considera deseable la obtención del acuerdo; el legislador se abstiene de precisar si cuando así sucede el origen de los cambios sigue estando en la decisión empresarial. Dicho de otro modo: **no aborda la cuestión de si es posible que la empresa congele la aplicación de lo pactado, o incluso que lo deje sin efecto, lo gradúe o lo fragmente. (STS n.º 30/2017, de 12 de enero de 2017, ECLI:ES:TS:2017:806).**

- El art. 41.5 del ET dispone que *«la decisión sobre la modificación colectiva de las condiciones de trabajo será notificada por el empresario a los trabajadores una vez finalizado el periodo de consultas sin acuerdo y surtirá efectos en el plazo de los siete días siguientes a su notificación».*

- El art. 59.4 del ET dispone que el plazo de caducidad para impugnar el despido (veinte días hábiles) se aplica a las acciones contra las decisiones empresariales en materia de modificación sustancial de condiciones de trabajo y añade que *«se computará desde el día siguiente a la fecha de notificación de la decisión empresarial, tras la finalización, en su caso, del período de consultas».*

- El art. 138.1 de la LRJS dispone que *«El proceso se iniciará por demanda de los trabajadores afectados por la decisión empresarial, aunque no se haya seguido el procedimiento de los artículos 40, 41 y 47 del Estatuto de los Trabajadores. La demanda deberá presentarse en el plazo de caducidad de los veinte días hábiles siguientes a la notificación por escrito de la decisión a los trabajadores o a sus representantes, conforme a lo dispuesto en el apartado 4 del artículo 59 del Estatuto de los Trabajadores , plazo que no comenzará a computarse hasta que tenga lugar dicha notificación, sin perjuicio de la prescripción en todo caso de las acciones derivadas por el transcurso del plazo previsto en el apartado 2 del artículo 59 del Estatuto de los Trabajadores».*

Situaciones ante el acuerdo (o no) en el periodo de consultas para la MSCT

Respecto a la notificación de las modificaciones sustanciales de las condiciones de trabajo de carácter colectivo, entonces, han de diferenciarse dos situaciones:

- **Cuando el periodo de consultas finalice con acuerdo:** se presumirá que concurren causas justificativas y solo podrá ser impugnado ante la jurisdicción competente por la existencia de fraude, dolo, coacción o abuso de derecho en su conclusión. Tras la finalización del periodo de consultas, el empresario notificará a los trabajadores su decisión sobre la modificación (art. 41.4 del ET).

- **Cuando el periodo de consultas finalice sin acuerdo:** la decisión sobre la modificación colectiva de las condiciones de trabajo será notificada por el empresario a los trabajadores una vez finalizado el periodo de consultas sin acuerdo y surtirá efectos en el plazo de los siete días siguientes a su notificación (art. 41.5 del ET).

Contra estas decisiones se podrá reclamar en conflicto colectivo, sin perjuicio del derecho de los trabajadores afectados a ejercitar la opción de rescindir su contrato y percibir una indemnización de 20 días de salario por año de servicio prorrateándose por meses los períodos inferiores a un año y con un máximo de nueve meses.

El plazo se computará desde el día siguiente a la fecha de notificación de la decisión empresarial, tras la finalización, en su caso, del período de consultas.

2.2.6. Notificación de la decisión de implantar la MSCT y su incidencia sobre el plazo de caducidad para la impugnación de la medida

El art. 41.5 del ET restringe la obligación de notificar la decisión sobre la MSCT colectiva al supuesto en que el periodo de consultas finaliza sin acuerdo. Sin embargo, el art. 59.4 del ET sujeta la impugnación de la MSCT a un plazo de caducidad y especifica que se computa «desde el día siguiente a la fecha de notificación de la decisión empresarial, tras la finalización, en su caso, del período de consultas». Esta norma no distingue en función de cómo haya finalizado el periodo de consultas, sino que establece una única fecha como inicial; sin previa notificación el plazo no comienza a discurrir.

El art. 138.1 de la LRJS contiene un mandato claro sobre la cuestión examinada: el plazo de caducidad no comenzará a computarse hasta que tenga lugar la notificación por escrito, de la empresa a sus trabajadores o representantes. Por tanto, aunque las normas sustantivas no reflejen esta obligación de manera nítida, incluso aunque se considere que la misma es ajena al periodo de consultas, lo cierto es que existe una norma con rango de Ley específicamente dedicada a la fijación del *dies a quo*. Desde esta elemental perspectiva cobran todo su sentido los razonamientos de la repetidamente citada STS, rec. 289/2013, de 21 octubre 2014:

> «La fijación de un plazo de caducidad perentorio constituye una garantía de la seguridad jurídica que para las partes se ha de derivar de la consolidación de una decisión no impugnada, de suerte que el transcurso del mismo actúa como ratificación de la aceptación de la parte social. De ahí que se exija la notificación escrita y que el plazo se inicie con dicha notificación de la decisión empresarial por escrito a los trabajadores o a sus representantes.
>
> No constando ésta, se hace inexigible a la parte social una reacción constreñida al plazo de caducidad de los 20 días que, en todo caso, deberían iniciarse en el momento en que la empresa efectúe esa comunicación expresa y fehaciente».

Tanto el art. 41.4 del ET, cuanto el art. 138.1 de la LRJS, hablan reiteradamente de «la decisión empresarial», con independencia de que haya acuerdo o no durante el periodo de consultas. Puesto que lo acordado podría ser dejado sin efecto por la empresa, pospuesto o rebajado, no es disparatado pensar que lo que realmente confiere seguridad jurídica acerca de los contornos de la MSCT (alcance, calendario, afectados) es una comunicación escrita, fehaciente y expresa. La clara dicción del art. 138.1 LRJS desemboca en ese resultado.

Al margen de la falta de claridad normativa, en la práctica, podemos encontrar supuestos en los que no hay comunicación por escrito o la empresa no sigue el procedimiento adecuado para la MSCT. En estos supuestos se abren distintas variables que han sido analizadas por doctrina y jurisprudencia:

- STS, rec. 251/2013, 16 septiembre 2014, ECLI:ES:TS:2014:4143: advierte que no se inicia el cómputo para el ejercicio de la acción impugnatoria de la modificación sustancial de condiciones de trabajo de carácter colectivo el día en que finalice el periodo de consultas, por muy detallada que sea el acta final (y menos, si como en el presente caso estaba condicionada a una posible aceptación por los trabajadores), sino cuando se notifique por escrito la decisión colectiva adoptada definitivamente por el empresario a los representantes de los trabajadores.

- STS, n.º 994/2023, de 22 de noviembre de 2023, ECLI:ES:TS:2023:5236: «*La publicación en la intranet de la empresa de la herramienta informática multiplataforma para la implantación del sistema de registro de jornada y desconexión digital, no puede considerarse en modo alguno como una notificación fehaciente por escrito de la medida empresarial consistente en suprimir la práctica de cerrar las oficinas de la red a las 12, 30 horas los días 24 y 31 de diciembre*».

- STS, rec. 285/2014, de 8 de abril de 2016, ECLI:ES:TS:2016:2498: «*Teniendo en cuenta que las empresas no han remitido notificación alguna a los trabajadores ni a sus representantes legales, ni han puesto tampoco en marcha el procedimiento de modificación sustanciales de condiciones de trabajo del art. 41 ET, ese conocimiento no surge hasta la liquidación de las nóminas del mes de enero de 2013, que es cuando los trabajadores conocen el hecho mismo de la reducción del complemento, su alcance y cuantía exacta, e incluso la voluntad de la empresa de aplicarlo en esos términos, lo que hasta entonces era desconocido y de imposible determinación, al no haber existido ninguna notificación previa de las empleadoras publicitando sus intenciones (...). Antes de ese momento no podrían haber ejercitado acción alguna, puesto que ignoraban los términos, alcance y condiciones en los que pudiere finalmente aplicarse una posible reducción del complemento en cuestión, lo que impedía articular adecuadamente una acción judicial concreta y determinada, y lo que es aún más importante, porque todavía ni siquiera se había producido un acto concreto, decisión o conducta de las empleadoras que pudiere ser judicialmente impugnado (...)*».

- STS, rec. 285/2014, de 8 de abril de 2016, ECLI:ES:TS:2016:2498: el plazo para el ejercicio de la acción, que no se discute que es el general de un año del art. 59.1.º del ET, no comienza a computar (art. 59.2.º del ET), hasta el día en el que la acción pudo haber sido ejercitada tras liquidarse la nómina.

- **STS, rec. 23/2012, de 21 mayo 2013, ECLI:ES:TS:2013:3396:** explica que no puede entenderse caducada la acción cuando la empresa se limita a comunicar dicha notificación en el tablón de anuncios, sin constar la existencia de una notificación fehaciente a los representantes de los trabajadores. Recalca la importancia de esa notificación como garantía de seguridad jurídica para aplicar un plazo perentorio de caducidad tan breve e impeditivo del ejercicio de la acción, razón por la que no cabe aplicar el plazo de caducidad de 20 días previsto en la norma, al no darse el presupuesto para el inicio del cómputo.

- **STS n.º 185/2020, de 27 de febrero de 2020, ECLI:ES:TS:2020:891:** en el caso analizado, aunque la representación legal de los trabajadores conocía la intención empresarial de realizar una MSCT, puesta de relieve en el periodo de consultas, no hubo acto expreso de notificación de la decisión definitiva. De esta forma «por más contundentes que fueran las manifestaciones de la empresa en la última de las reuniones llevadas a cabo», la Sala IV mantiene que los 20 días para impugnar la decisión empresarial de MSCT con carácter colectivo, no computan en caso de ausencia de notificación por parte empresarial de su decisión final tras el periodo de consultas.

- **STS n.º 337/2018, de 22 de marzo de 2018, ECLI:ES:TS:2018:1213:** cuando se trata de modificaciones sustanciales colectivas de la condiciones de trabajo y se cierra el periodo de consultas sin acuerdo, es preciso que se efectúe la notificación fehaciente de la decisión empresarial de llevarlas a cabo a los representantes de los trabajadores, para que estos puedan interponer, en su caso, las reclamaciones correspondientes previstas en el artículo 41.5 del ET y en los artículos 138 y 151 y siguientes de la LRJS.

- **STS, rec. 289/2013, de 21 octubre 2014, ECLI:ES:TS:2014:5700:** examina supuesto de MSCT no acordada y trasladada a los representantes legales en la última reunión del periodo de consultas. Se descarta la caducidad porque aunque la representación legal de los trabajadores conocía la intención empresarial, puesta de relieve en el periodo de consultas, lo cierto es que no hubo acto expreso de notificación de la decisión definitiva, por más contundentes que fueran las manifestaciones de la empresa en la última de las reuniones llevadas a cabo. Por ello, cabía esperar una notificación posterior que pusiera en conocimiento del Comité de empresa la decisión definitivamente adoptada, así como la ulterior comunicación individualizada a los trabajadores afectados.

- **STS, rec. 13/2014, de 12 noviembre 2014, ECLI:ES:TS:2014:5247:** descarta que opere la caducidad de veinte días cuando la MSCT deriva de una instrucción patronal interna, impuesta al margen del procedimiento legal y sin notificación expresa a la representación legal de los trabajadores (RLT).

- **STS, rec. rec. 275/2014, de 14 octubre 2015, ECLI:ES:TS:2015:5577:** examina los preceptos de ET y LRJS, concluyendo que tanto de uno como de otro precepto se infiere la necesidad de la notificación por escrito, lo que se desprende expresamente de la norma procesal y tácitamente de la estatutaria, al remitir ésta a la acción contra el despido de su párrafo precedente, el cual debe comunicarse de este modo al afectado, precisando en ambas, en lo que más interesa, que no comienza el cómputo del plazo hasta que no tenga lugar la notificación de la decisión, y en la segunda, además, que ésta tendrá lugar (en los casos de medidas colectivas) tras la finalización del período de consultas , lo que hace bueno el argumento de que dicha notificación es un acto autónomo y diferenciado del período de consultas. Sin embargo, apunta que la necesidad de notificación solo se da en los casos en que no ha existido acuerdo durante el periodo de consultas.

- **STS, rec. 182/2014, de 12 noviembre 2015, ECLI:ES:TS:2015:5528:** aplica los criterios precedentes y recuerda que la caducidad, como medida excepcional del ordenamiento que, para proteger el interés derivado de la pronta estabilidad y certidumbre de situaciones jurídicas pendientes de modificación, no puede ser objeto de interpretaciones extensivas que cierren la posibilidad de un examen material del fundamento de la pretensión cuando el ejercicio de ésta no resulta claramente extemporáneo.

- **STS, rec. 102/2015, 9 diciembre 2015, ECLI:ES:TS:2015:5836:** sobre alteración del régimen de descanso semanal pactado, insiste en que para la aplicación del artículo 138.1 LRJS en relación con el artículo 59.4 ET sería necesario que hubiera existido notificación a los representantes legales de los trabajadores.

- **STS, rec. 289/2014, de 16 febrero 2016, ECLI:ES:TS:2016:1249:** en supuesto de MSCT colectiva que la empresa impone sin haber logrado el acuerdo, recalca que es necesaria la notificación en estos casos. Del art. 41.5 del ET infiere la exigencia de notificación tras agotar el período de consultas, sin que de la dicción literal del precepto en ese punto se pueda deducir que se excluya a la representación legal de los trabajadores sino que al hablar de 'trabajadores' se incluye también a sus propios representantes, por ostentar asimismo aquella condición laboral, comenzando el cómputo en cuestión desde la notificación a quienes, como tales afectados, estén legitimados para ejercitar la acción judicial correspondiente.

- **STS, rec. 214/2015, de 9 de junio, ECLI:ES:TS:2016:3228:** aborda supuesto de MSCT que finaliza sin acuerdo, aunque existe un acto claro de órgano administrativo (CIVEA) a partir del cual la resolución de instancia había entendido que corría la caducidad. Constatado que no ha existido ningún tipo de notificación formal o expresa a los representantes de los trabajadores de la medida' se rechaza que la caducidad pueda operar.

- STS, rec. 230/2015, de 21 junio, ECLI:ES:TS:2016:3907: sostiene que no puede entenderse caducada la acción cuando falta la comunicación fehaciente a los trabajadores o a sus representantes legales de la decisión adoptada, por lo que no puede iniciarse el cómputo del plazo. Se trata de un supuesto en el que el periodo de consultas finaliza sin acuerdo.

- STS, rec. 984/2016, de 23 noviembre, ECLI:ES:TS:2016:12243A: afronta una MSCT que la empresa comunica verbalmente a los representantes de los trabajadores y aplica los criterios sobre imposibilidad de que la caducidad comience a contarse.

Como se evidencia este tema es altamente controvertido. Atendiendo a la doctrina sobre la caducidad de la MSCT de carácter colectivo podemos resumir los distintos supuestos en tres:

- Notificación de MSCT sin seguir el procedimiento del art. 41 del ET: 20 días desde la comunicación.

- MSCT siguiendo el procedimiento del art. 41 del ET pero que NO se notifica por escrito: un año desde que se aplica.

- MSCT SIN SEGUIR el procedimiento del art. 41 del ET y que NO se notifica por escrito: no existe plazo (ni siquiera el de un año). Mientras la medida empresarial se mantenga vigente se podrá reclamar la ilegalidad de esta sin importar el plazo de un año, ya que la acción no prescribe.

A TENER EN CUENTA. Este aspecto se desarrolla a modo esquemático dentro del apartado relacionado con la impugnación de la medida de modificación sustancial de las condiciones de trabajo.

CUESTIONES

1. Tras un período de consultas para la MSCT colectiva sin acuerdo, ¿debe notificarse a los representantes de los trabajadores o es suficiente que se haga individualmente a los trabajadores afectados?

Es necesario comunicar la decisión a la RLT sin que resulte suficiente con la notificación individual a los afectados. Cuando se trata de modificaciones sustanciales colectivas de la condiciones de trabajo y se cierra el periodo de consultas sin acuerdo, es preciso que se lleve a cabo la notificación fehaciente de la decisión empresarial de llevarlas a cabo a los representantes de los trabajadores, para que éstos puedan interponer, en su caso, las reclamaciones correspondientes previstas en el propio art. 41.5, párrafo segundo, 138 y 151 y ss. LRJS . En ese sentido resulta significativo que el citado art. 138.1 LRJS al referirse al plazo de 20 días para interponer la demanda frente a la referida decisión empresarial, determina que el plazo de caducidad habrá de contarse desde su notificación por escrito a los trabajadores o a sus representantes, distinguiendo así la acción individual de la colectiva. Además, la necesidad de encauzar esa acción a través del proceso colectivo que establece el art. 153.1, supone que la naturaleza colectiva de la acción exija una legitimación también colectiva de los sujetos que pueden acceder al proceso, tal y como se contiene en el art. 154 LRJS , lo que exige a su vez que la comunicación de la decisión empresarial que se impugna de forma colectiva tenga también una comunicación por escrito a los representantes de los trabajadores como tales.(STS, rec. 660/2016, 22 de marzo de 2018, ECLI:ES:TS:2018:1213).

2. ¿Cuándo comienza a correr la caducidad para impugnar una MSCT de carácter colectivo? ¿Y si la RLT tiene conocimiento por otros medios de la MSCT?

Con carácter general, tras la notificación de la empresa explicando su alcance. Aunque haya mediado acuerdo respecto de la MSCT, por mandato del art. 138.1 de la LRJS, el plazo de caducidad de 20 días para impugnar solo comienza a correr cuando se realiza la notificación empresarial que precisa sus términos. El conocimiento que de tal decisión pueda tener la RLT a través de un tablón de anuncios, de informaciones verbales, de circulares empresariales, o de la firma de un acuerdo será relevante a otros efectos, pero no a los de activar el plazo de caducidad. (STS, rec. 26/2016, de 12 de enero de 2017, ECLI:ES:TS:2017:806).

2.2.7. Actuación de los trabajadores ante una MSCT colectiva

Ante modificaciones sustanciales de las condiciones de trabajo de carácter colectivo, los trabajadores pueden:

1. Aceptar la modificación sustancial de las condiciones de trabajo de carácter colectivo

En este caso, el trabajador seguirá prestando servicios en las nuevas condiciones, percibiendo únicamente cualquier compensación pactada en convenio, de forma individual o en periodo de consultas.

2. Ejercitar su derecho individual a rescindir su relación laboral con la empresa

Podrá ejercitar su derecho, antes de que se cumpla el plazo de efectividad de la decisión adoptada por el empresario, si resultare perjudicado por las modificaciones y estas son referentes a:

– La jornada de trabajo.

– Horario y distribución del tiempo de trabajo.

– Régimen de turnos de trabajo. (STS, rec. 66/2013, 5 de noviembre de 2013, ECLI:ES:TS:2013:6534).

– Sistema de remuneración y cuantía salarial.

– Sistema de trabajo y rendimiento. (STS, rec. 2020/2011, 10 de julio de 2012, ECLI:ES:TS:2012:5651).

En estos supuestos, el trabajador deberá percibir una **indemnización de veinte días de salario por año de servicio**, prorrateándose por meses los períodos inferiores a un año y con un máximo de nueve meses.

En el supuesto de que la modificación sustancial afecte únicamente al «sistema de trabajo y rendimiento» el trabajador **no** tendrá derecho a rescindir su contrato y percibir una indemnización de veinte días de salario por año de servicio prorrateándose por meses los periodos inferiores a un año y con un máximo de nueve meses.

3. Rescindir el contrato mediante el procedimiento de extinción por voluntad del trabajador

Cuando las modificaciones sustanciales en las condiciones de trabajo sean llevadas a cabo sin respetar lo previsto en el art. 41 del Estatuto de los Trabajadores, y que redunden en menoscabo de la dignidad del trabajador o si el empresario se niega a reintegrar al trabajador en sus anteriores condiciones de trabajo, cuando una sentencia judicial haya declarado la modificación injustificada. El trabajador podrá **rescindir su contrato de trabajo, a través del procedimiento correspondiente a «Extinción por voluntad del trabajador»**. Las indemnizaciones este supuesto serían las establecidas para el **despido improcedente**.

4. Reclamar judicialmente

Al contrario que en el supuesto de las modificaciones sustanciales de las condiciones de trabajo de carácter individual, donde la reclamación judicial corresponde al trabajador afectado, ante las modificaciones colectivas, la impugnación puede interponerla **el mismo trabajador, exclusivamente en lo que a él le afecta, o bien los representantes colectivos de los trabajadores a través de la modalidad procesal de conflictos colectivos.**

En tanto en cuanto el juzgado no resuelva si la modificación es ajustada a derecho, la misma es plenamente operativa y debe cumplirse.

Para tal impugnación tanto el apdo. 4 del art. 59 del Estatuto de los Trabajadores, como el apdo. 1 del art. 138 de la Ley de Jurisdicción Social, prevén **un plazo de caducidad de veinte días**. En estos casos, el plazo de caducidad se inicia desde la notificación de la decisión a los representantes legales de los trabajadores, si bien cuando se incumple este deber de notificación el empresario no puede alegar caducidad. La interposición del conflicto colectivo paralizará la tramitación de las acciones individuales, hasta su resolución.

El art. 156.1 de la LRJS dispone como requisito necesario para la tramitación del proceso de conflicto colectivo el intento de conciliación o de mediación en los términos previstos en el art. 63 de la LRJS. Sin embargo, el art. 64 de la LRJS exceptúa del requisito de conciliación previa, sin distinguir procesos individuales y colectivos, a los procesos de impugnación de las modificaciones sustanciales, sin distinguir tampoco entre modificaciones sustanciales colectivas e individuales. Debemos aquí seguir la hermenéutica aplicada en la sentencia de la Audiencia Nacional (sala de lo social) de 19-11-2012, según la cual «ciertamente las demandas de conflicto colectivo requieren, conforme a lo dispuesto en el art. 156.1 de la LRJS el intento de conciliación correspondiente, pero no es menos cierto que el art. 64 de la LJS exceptúa del intento de conciliación las impugnaciones, tanto individuales como colectivas, de las modificaciones sustanciales. Dicha excepción procura nuevamente una respuesta judicial urgente, puesto que el proceso tendrá preferencia, de conformidad con lo dispuesto en el art. 159 de la LRJS, frente a cualquier otro proceso, salvo los de tutela de derechos fundamentales y libertades públicas, previendo, en todo caso, un intento de conciliación ante el secretario judicial y, en su caso, ante la sala, conforme dispone el art. 84 de la LRJS. Consideramos, por consiguiente, que el intento de conciliación en los procesos de conflicto colectivo, en los que se impugnen modificaciones sustanciales colectivas, no suspende el plazo de caducidad, porque el art. 64 de la LRJS, exceptúa dicho requisito por las razones expuestas, tratándose, por tanto, de una medida superflua, que no puede afectar a la caducidad, que es una institución procesal de orden público».

Cuando la modificación se produzca por acuerdo entre la empresa y los representantes de los trabajadores, la reclamación judicial únicamente podrá realizarse por la **existencia de fraude, dolo, coacción o abuso de derecho en la conclusión del acuerdo** (art. 41.4 del ET).

> **A TENER EN CUENTA.** La impugnación de la medida de modificación sustancial de las condiciones de trabajo de carácter colectivo se desarrollará en su apartado correspondiente.

JURISPRUDENCIA

STS, rec. 173/2010, de 30 de junio de 2011, ECLI:ES:TS:2011:5459

La **no aplicación de la caducidad,** cuando el empresario incumple las exigencias formales del art. 41 del ET, no debe entenderse ya de aplicación una vez vigente la LRJS, en la que la impugnación de las modificaciones sustanciales, tanto colectivas como individuales, está sometida al plazo de caducidad se haya seguido o no por la empresa el procedimiento del art. 41 del ET, como se desprende bien a las claras de la literalidad del art. 138.1 de la LRJS.

STS, rec. 85/2013, de 9 de diciembre, ECLI:ES:TS:2013:6540

Se prevé la caducidad de la acción contra una MSCT colectiva por transcurso del plazo de 20 días legalmente previsto en el artículo 59.4 del ET.

2.3. Modificaciones sustanciales de las condiciones de trabajo de carácter individual

Una modificación sustancial de las condiciones de trabajo se considera de carácter individual cuando, en un periodo de noventa días, afecta a un número de trabajadores inferiores a: a) diez trabajadores, en las empresas que ocupen menos de cien trabajadores; b) el 10 % del número de trabajadores de la empresa en aquellas que ocupen entre cien y trescientos trabajadores; c) treinta trabajadores, en las empresas que ocupen trescientos o más trabajadores.

2.3.1. Características para la consideración de la modificación sustancial de las condiciones de trabajo como individual

Se considera de carácter individual la modificación de aquellas condiciones de trabajo que disfrutan los trabajadores a título individual, siempre que en un periodo de noventa días afecte a un número de trabajadores inferiores a [*a sensu contrario* de lo dispuesto en el art. 41.2 del ET]:

- Diez trabajadores, en las empresas que ocupen menos de cien trabajadores.

- El 10 % del número de trabajadores de la empresa en aquellas que ocupen entre cien y trescientos trabajadores.

- Treinta trabajadores, en las empresas que ocupen trescientos o más trabajadores.

Al igual que en los supuestos de modificaciones colectivas, la dirección de la empresa podrá acordar modificaciones sustanciales de las condiciones de trabajo cuando existan probadas **razones económicas, técnicas, organizativas o de producción**. Tendrán la consideración de modificaciones sustanciales de las condiciones de trabajo, entre otras, las que afecten a las siguientes materias:

- Jornada de trabajo.

- Horario y distribución del tiempo de trabajo.

- Régimen de trabajo a turnos.

- Sistema de remuneración y cuantía salarial.

- Sistema de trabajo y rendimiento.

- Funciones, cuando excedan de los límites que para la movilidad funcional prevé el art. 39 del ET.

Cuando se trate de una MSCT de carácter individual solo se requiere una notificación escrita del empresario al trabajador afectado y a sus representantes legales con una **antelación mínima de 15 días a la fecha de su efectividad** (art. 41.3 del ET). Esta precisión realizada por el texto estatutario ha generado cierta controversia sobre el plazo que tendría la persona trabajadora para impugnar la MSCT cuando no exista una notificación por escrito. (SAN n.º 32/2024, de 14 de marzo de 2024, ECLI:ES:AN:2024:1282 y ATS, rec. 1072/2022, de 5 de marzo de 2024, ECLI:ECLI:ES:TS:2024:2654A).

No existe un modelo oficial para la notificación de la MSCT de carácter individual ni se ha fijado literalmente un contenido mínimo. No obstante, el escrito de comunicación debe constatar expresamente la condición afectada por la modificación, su alcance y las causas que la fundamentan.

> **A TENER EN CUENTA.** Cuando con objeto de eludir las actuaciones en caso de «modificaciones de carácter colectivo» la empresa realice modificaciones sustanciales de las condiciones de trabajo en períodos sucesivos de noventa días en número inferior a los umbrales establecidos para las modificaciones colectivas, sin que concurran causas nuevas que justifiquen tal actuación, dichas modificaciones se consideran efectuadas en fraude de ley y serán declaradas nulas.

Frente a la MSCT de carácter colectivo donde se fija un procedimiento determinado basado en la necesidad de un periodo de consultas previo, en la modificación individual el legislador ha agilizado enormemente el proceso, hasta el punto de que la norma solo regula la comunicación previa por parte empresarial y la posibilidad de extinción indemnizada. En concreto el art. 41.3 del ET especifica:

> «La decisión de modificación sustancial de condiciones de trabajo de carácter individual deberá ser notificada por el empresario al trabajador afectado y a sus representantes legales con una antelación mínima de quince días a la fecha de su efectividad.
>
> En los supuestos previstos en las letras a), b), c), d) y f) del apartado 1, si el trabajador resultase perjudicado por la modificación sustancial tendrá derecho a rescindir su contrato y percibir una indemnización de veinte días de salario por año de servicio prorrateándose por meses los periodos inferiores a un año y con un máximo de nueve meses.
>
> Sin perjuicio de la ejecutividad de la modificación en el plazo de efectividad anteriormente citado, el trabajador que, no habiendo optado por la rescisión de su contrato, se muestre disconforme con la decisión empresarial podrá impugnarla ante la jurisdicción social. La sentencia declarará la modificación justificada o injustificada y, en este último caso, reconocerá el derecho del trabajador a ser repuesto en sus anteriores condiciones.

Cuando con objeto de eludir las previsiones contenidas en el apartado siguiente, la empresa realice modificaciones sustanciales de las condiciones de trabajo en periodos sucesivos de noventa días en número inferior a los umbrales que establece el apartado 2 para las modificaciones colectivas, sin que concurran causas nuevas que justifiquen tal actuación, dichas nuevas modificaciones se considerarán efectuadas en fraude de ley y serán declaradas nulas y sin efecto».

CUESTIÓN

Si la persona trabajadora rescinde voluntariamente su contrato ante la MSCT individual, ¿tendrá derecho a prestación por desempleo?

Siempre que reúna los requisitos legales establecidos sí. Se encontrará en situación legal de desempleo al amparo del art. 267.1.a).5 de la LGSS.

PROCEDIMIENTO PARA LA MODIFICACIÓN INDIVIDUAL DE LAS CONDICIONES DE TRABAJO (art. 41.2 del ET)

| Notificación | → | La decisión de modificación debe ser **notificada** por el empresario al trabajador afectado y a sus representantes legales. | → | Con una antelación mínima de **15 días** a la fecha de su efectividad. |

Si se acepta se aplicará a los 15 días.

Art. 41.3 del ET

Derecho a rescindir su contrato y percibir una indemnización

→ Cuando la modificación **afecta a** jornada, horario y distribución del tiempo de trabajo, régimen de trabajo a turnos, sistema de remuneración y cuantía salarial y funciones que excedan de la movilidad funcional autorizada por el art. 39 del ET y el trabajador **resultase perjudicado** por la misma

→ - Derecho a:
- **Rescindir** el contrato.
- **Indemnización** de 20 días de salario por año de servicio, prorrateándose por meses los períodos inferiores a un año, y con un máximo de 9 mensualidades de salario.

Art. 50.1.a) del ET

→ Si la modificación:
- **No respeta lo previsto en el art. 41 del ET.**
- **Redunda en menoscabo de su dignidad.**

→ - **Resolución del contrato de trabajo** por la vía del art. 50 del ET.
- **Indemnización** para de despido improcedente.

Si no se opta por alguna de estas opciones de rescisión de su contrato

| Cumplimiento obligatorio | → | La modificación es de **obligado cumplimiento** para el trabajador. | → | A pesar de recurrir debe **acatar la MSCT.** |

| Impugnación de la MSCT judicialmente | → | **20 días hábiles** desde que le sea notificada la MSCT (art. 59.4 del ET). | → | Procedimiento establecido en el **art. 138 y ss. de la LRJS.** |

Sentencia

→ Declarará **justificada la decisión** empresarial
→ El trabajador podrá **extinguir el contrato** en los supuestos previstos en el art. 41.3 del ET

→ Declarará **injustificada o nula la decisión** empresarial
→ - Reconocerá el derecho del trabajador a ser **repuesto** en sus condiciones anteriores.
- Abono de los **daños y perjuicios**.

Art. 41.3 del ET y art. 138.7 de la LRJS

2.3.2. Actuación de los trabajadores ante una MSCT individual

Ante una modificación sustancial de las condiciones de trabajo de carácter individual el trabajador tendrá tres vías de actuación:

a) **Aceptar la decisión empresarial.** Esta opción (no desarrollada expresamente en el art. 41 del ET) implica el aquietamiento por parte de la persona trabajadora ante la MSCT planteada. En este caso, pasado el tiempo de preaviso, se aplicaría la modificación.

b) **Impugnar la decisión empresarial.** Sin perjuicio de la ejecutividad de la modificación en el plazo establecido, el trabajador que no habiendo optado por la rescisión de su contrato se muestre disconforme con la decisión empresarial podrá impugnarla ante la jurisdicción competente. La sentencia declarará la modificación justificada o injustificada y, en este último caso, reconocerá el derecho del trabajador a ser repuesto en sus anteriores condiciones. En lo relativo al derecho a impugnar la medida de modificación sustancial ante la jurisdicción competente si el trabajador no hubiese optado por la extinción del contrato, deben tenerse en cuenta los extremos establecidos en el art. 41 del ET y art. 138 de la LJS.

De conformidad con el artículo 138.1 de la LRJS, el plazo de caducidad para que el trabajador impugne la modificación empieza a computarse desde la notificación de la decisión empresarial al trabajador, aunque la empresa no haya seguido el procedimiento del artículo 41 del ET ni la notificación se realice conforme a lo establecido en este precepto (STS n.º 534/2021, de 18 de mayo de 2021, ECLI:ES:TS:2021:2104).

> **A TENER EN CUENTA.** En la demanda, además de solicitar la nulidad de la medida, se puede solicitar una indemnización por los daños y perjuicios.

c) **Rescindir su contrato y percibir una indemnización de 20 días de salario por año de servicio prorrateándose por meses los periodos inferiores a un año y con un máximo de nueve meses**, si resultase perjudicado por las modificaciones y estas fuesen referentes, a: jornada de trabajo, horario y distribución del tiempo de trabajo, régimen de trabajo a turnos, sistema de remuneración y cuantía salarial o sistema de trabajo y rendimiento [letras a), b), c), d) y f) del apartado 1) art. 41 del ET].

La negativa del empresario a reintegrar al trabajador en sus anteriores condiciones de trabajo, cuando una sentencia judicial haya declarado las mismas injustificadas, dará opción al trabajador a rescindir su relación laboral por el procedimiento de extinción por voluntad del trabajador y las indemnizaciones serán las establecidas para el despido improcedente.

La indemnización al trabajador en caso de no aceptar las modificaciones sustanciales de las condiciones de trabajo de carácter individual es de veinte días de salario por año de servicio prorrateándose por meses los períodos inferiores a un año y con un máximo de nueve meses.

Cuando las modificaciones sustanciales en las condiciones de trabajo sean llevadas a cabo sin respetar lo previsto en el art. 41 del Estatuto de los Trabajadores, el trabajador podrá rescindir su contrato de trabajo, a través del procedimiento correspondiente a «Extinción por voluntad del trabajador». Las indemnizaciones serán las establecidas para el despido improcedente.

> **A TENER EN CUENTA**. Con efectos de 01/01/2021 se modifica el art. 33.2 del ET, incluyéndose dentro de la acción protectora del FOGASA las indemnizaciones en caso de extinción del contrato a instancia del trabajador como consecuencia de modificación sustancial de condiciones de trabajo. En todos los casos con el límite máximo de 9 mensualidades, sin que el salario diario, base del cálculo, pueda exceder del doble del salario mínimo interprofesional, incluyendo la parte proporcional de las pagas extraordinarias.

d) **Extinción del contrato con derecho a percibir la indemnización por despido improcedente.** El art. 50.1.a) del ET dispone que si la persona empleadora lleva a cabo una MSCT sin respetar lo previsto en el reiterado art. 41 de la ET y que «redunden en menoscabo de la dignidad del trabajador», éste podrá solicitar la extinción de su contrato de trabajo con derecho a percibir la indemnización señalada para el despido improcedente (33 días de salario por año de servicio, prorrateándose por meses los periodos de tiempo inferiores a un año, hasta un máximo de 24 mensualidades).

CUESTIONES

1. ¿Los representantes de los trabajadores tienen también la posibilidad de oponerse a las MSCT de carácter individual?

Su intervención se regula sobre las MSCT de carácter colectivo a través de la impugnación judicial mediante el proceso especial de conflictos colectivos (arts. 153 y ss. de la LRJS) o bien por del proceso especial de tutela de derechos y libertades públicas (arts. 177 y ss. de la LRJS), en el caso de MSCT de carácter individual la norma guarda silencio.

2. En caso de que la persona trabajadora extinga su contrato como reacción frente a una MSCT, ¿tendría acceso a la jubilación anticipada por causa no imputable al trabajador?

Dependerá de la normativa aplicable a la fecha de extinción. Según STS n.º 236/2024, de 7 de febrero del 2024, ECLI:ES:TS:2024:755 (extendiendo doctrina de STS n.º 568/2022 de 22 junio, ECLI:ES:TS:2022:2540), la redacción vigente antes de la Ley 21/2021, de 28 de diciembre, la jubilación anticipada por causa no imputable a la libre voluntad del trabajador no estaba al alcance de quienes habían extinguido su contrato como reacción frente a una MSCT (art. 41.3 de la ET).

JURISPRUDENCIA

STS, rec. 4093/2017, de 30 de junio 2020, ECLI:ES:TS:2020:2350 y STS n.º 840/2022, de 19 de octubre de 2022, ECLI:ES:TS:2022:3879

Señala que la sentencia sobre modificación sustancial de condiciones de trabajo de carácter individual, con invocación de derechos fundamentales, es recurrible en suplicación, pero únicamente en las pretensiones vinculadas a la denunciada vulneración de derechos fundamentales.

«El art. 184 LRJS remite a la tramitación de la modalidad procesal correspondiente -en este caso, la del art. 138 LRJS- a quienes accionan por tutela de derechos

fundamentales cuando impugnen una modificación sustancial de condiciones de trabajo. Además, esa remisión permite la acumulación de las acciones ordinarias con las de tutela, tal y como establece el art. 26.2 LRJS, excepcionando así la regla del art. 178 LRJS.

Por ello, en supuestos como el presente en que la parte trabajadora combate la decisión empresarial de modificación sosteniendo que con ella se vulnera un derecho fundamental del que es titular, nos hallamos ante procedimientos de tutela de derechos fundamentales a los que el legislador permite acumular cuestiones de legalidad ordinaria, precisamente por mantener un cauce procesal acorde con éstas últimas al que se le añaden las garantías del proceso de los arts. 177 y siguientes.

Y, llegados a este punto, recordemos que cabe recurso de suplicación en todos los supuestos en los que se alega la violación de un derecho fundamental, tal y como establece el art. 191.3 f) LRJS en relación con '(...) las sentencias dictadas en materias de (...) tutela de derechos fundamentales y libertades públicas».

STS n.º 42/2024, de 11 de enero de 2024, ECLI:ES:TS:2024:109

Analiza la posibilidad de recurso de suplicación frente a una sentencia sobre modificación individual: *«(...) no cabiendo recurso de suplicación en atención a la cuantía que es reclamada como indemnización por daños y perjuicios ni tampoco por solo cita de Derecho fundamental».*

RESOLUCIÓN RELEVANTE

STSJ Castilla La-Mancha n.º 1009/2018, de 12 de julio de 2018, ECLI:ES:TSJCLM:2018:1803

La doctrina jurisprudencial admite la aceptación tácita de la modificación por el trabajador, cuando tras la aplicación de la modificación se deja transcurrir el tiempo para su eficaz impugnación (por todas la STS, rec. 2558/2008, de 20 de abril de 2009, ECLI:ES:TS:2009:3277).

2.3.3. Exigencia de la concurrencia de un perjuicio para la extinción indemnizada en caso de MSCT

La facultad de resolución contractual por parte del trabajador contemplada en el artículo 41.3 del Estatuto de los Trabajadores por modificación de las condiciones sustanciales previstas en los apartados a), b) y c) del artículo 41 se haya condicionada a la existencia de perjuicios para el mismo a causa de tal modificación; por lo que no es dable establecer una presunción *iuris tantum* sobre la existencia del perjuicio, sino que hay que estar al resultado de la prueba sobre el particular, valorada por el juzgador de instancia en cada caso.

El tratamiento que da el art. 41.3 del ET es igual a todas las modificaciones: *«En los supuestos previstos en las letras a), b), c), d) y f) del apartado 1, si **el trabajador resultase perjudicado por la modificación sustancial** tendrá derecho a rescindir su contrato y percibir una indemnización de veinte días de salario por año de servicio prorrateándose por meses los periodos inferiores a un año y con un máximo de nueve meses».*

Según el texto estatutario, para que proceda la rescisión indemnizada del contrato **debe acreditarse la existencia de un perjuicio**, prueba cuya carga incumbe a quien lo sufre por ser el elemento constitutivo de su pretensión y por ser la parte que mejor conoce el daño y puede probarlo (art. 217 de la LEC), sin que pueda presumirse su existencia al no existir ninguna disposición legal que lo permita. (STS, rec. 2468/199, de 18 de marzo de 1996, ECLI:ES:TS:1996:1699 y STS, rec. 767/1996, de 18 de julio de 1996, ECLI:ES:TS:1996:4465).

El ET no habla de un perjuicio grave, no obstante, el hecho de que la modificación de las condiciones deba ser sustancial evidencia que **el perjuicio debe ser, por lo menos, relevante**, pues en otro caso no se establecería la posibilidad de rescisión contractual.

En caso de disputa, partiendo del precepto estatutario, corresponde al Juzgado determinar la existencia de perjuicios para el trabajador a causa del cambio de condiciones esenciales de trabajo para que, en base a ello, actúe el mecanismo resolutorio contractual que le concede la norma estatutaria.

No basta, por tanto, cualquier perjuicio para rescindir un contrato de trabajo con indemnización por una MSCT, sino que debe ser significativo y demostrable. Como ejemplo resulta de interés la STS n.º 853/2016, donde se afronta el tema de si una reducción salarial del 3'87%, requiere probar que la modificación ha causado un perjuicio al afectado por ella o si esa prueba no es precisa porque la existencia del perjuicio deriva, se presume, por el simple hecho de la MSCT. En ella se sienta una importante y clara doctrina que es decisiva para el supuesto abordado:

- Para que proceda la rescisión indemnizada del contrato debe acreditarse la existencia de un perjuicio, prueba cuya carga incumbe a quien lo sufre por ser el elemento constitutivo de su pretensión y por ser la parte que mejor conoce el daño y puede probarlo (art. 217.1 de la LEC).

- Es imposible presumir la existencia del perjuicio, al no existir ninguna disposición legal que lo permita.

- La interpretación lógica, sistemática y finalista de los preceptos en presencia (arts. 41.3 y 40.1 del ET) muestra que en la MSCT la rescisión indemnizada del contrato se condiciona a la existencia de un perjuicio, lo que no hace en los supuestos de traslados forzosos, lo que evidencia que en estos casos si da por probado el perjuicio.

- Que la modificación de las condiciones deba ser sustancial evidencia que el perjuicio debe ser relevante, pues en otro caso no se establecería la posibilidad de rescisión contractual que la ley reserva para los graves incumplimientos contractuales (art. 50 del ET).

- No sería razonable, ni proporcional, sancionar con la rescisión contractual indemnizada cualquier modificación que ocasionara un perjuicio mínimo, al ser ello contrario al espíritu de la norma que persigue la supervivencia de la empresa en dificultades, económicas en este caso, que se agravarían si todos los afectados rescindiesen sus contratos.

¿Qué cambios en las condiciones de trabajo de la persona trabajadora suponen un perjuicio susceptible de extinción indemnizada?

Si el salario es el núcleo básico y esencial del contrato de trabajo cuando éste merma y disminuye hay que presumir un perjuicio. Perjuicio que (como desarrolla la STSJ del País Vasco n.º 434/2017, de 21 de febrero, ECLI:ES:TSJPV:2017:614) se puede valorar en orden a dos parámetros:

- Cuantitativo, ciñéndose al importe mermado.
- Cualitativo, respecto a la entidad del mismo en la configuración del contrato de trabajo existente.

Como se ve, desde esta perspectiva existe una gran relatividad en determinar si la persona trabajadora resulta perjudicada, ya que, aunque objetivamente pueda ser medida, cualitativamente depende de la persona, de su entorno económico y de sus necesidades. A modo de ej.: 100 euros mensuales en un importe de una renta básica constituye una gran parte de la misma, mientras que en un salario de un estamento superior es una suma poco apreciable, de forma que, 100 euros en un sueldo sobre el SMI, puede suponer mucho o poco dependiendo de las necesidades, de los pagos imprescindibles o de cualesquiera otras circunstancias que deberá acreditar la persona trabajadora.

CUESTIÓN

1. ¿Es posible que la empresa acepte la solicitud de extinción subsumida en el art. 41.3 del ET pero descarte el abono de la indemnización?

La modificación de las condiciones debe ser sustancial para la posibilidad de extinción indemnizada. Si el perjuicio al trabajador no es relevante no se establece la posibilidad de rescisión contractual ni existiría MSCT.

2. En caso de una MSCT que supone una reducción salarial, ¿podría no considerarse la existencia de un perjuicio para el trabajador? ¿Qué porcentaje salarial podría verse afectado?

Cuando se trata de una rebaja retributiva (supuesto prototípico de MSCT en la materia) la existencia de perjuicio resulta difícil de negar y los tribunales suelen entender el derecho a extinción indemnizada. No obstante, atendiendo al ET, el afectado debería acreditar mínimamente la existencia de un perjuicio (STS n.º 720/2020, de 23 de julio de 2020, ECLI:ES:TS:2020:2603).

En supuestos como el planteado debe atenderse a las circunstancias globales de la MSCT y no a un porcentaje de reducción salarial concreto (ni la norma ni la jurisprudencia lo especifica).

3. En caso de que la empresa solicite a la persona trabajadora la justificación del perjuicio para extinción indemnizada del contrato, ¿el trabajador deber hacerlo? ¿podría dejar de acudir al puesto de trabajo?

Este suele ser un clásico supuesto en el que la empresa notifica un cambio en las condiciones de trabajo pero niega que se trate de una MSCT y, por tanto, no sigue el procedimiento del art. 41 del ET. No corresponde al trabajador calificar una modificación como «sustancial», lo que implica que, ante la duda, debe impugnar judicialmente antes de abandonar el puesto de trabajo.

Atendiendo al ET, para la existencia de resolución indemnizada del contrato la persona trabajadora debe probar un perjuicio cuya entidad justifique la extinción por tratarse de una MSCT. La norma no habilita expresamente a la empresa para solicitar al trabajador la acreditación de las causas que le suponen un perjuicio ni obliga al trabajador a indicar a la empresa datos concretos que justifiquen el perjuicio.

La empresa debe seguir el procedimiento establecido en el art. 41 del ET, y si el trabajador justifica el perjuicio y su voluntad de extinguir el contrato, la empresa no puede negarle ese derecho.

Con carácter general, el trabajador debería continuar prestando servicios y presentar una demanda para que el juzgado de lo social valore la existencia de MSCT y, por tanto, la posibilidad de extinción indemnizada. Si el trabajador (impugne o no la modificación realizada) abandona su puesto de trabajo podría incurrir en un despido disciplinario por faltas injustificadas y reiteradas.

4. ¿Qué diferencias existe entre el «perjuicio» establecido en el art. 41.3 del ET (posibilidad de indem. de 20 días) y el del 50.1 del mismo texto legal (indem. para el despido improcedente)?

El art. 41.3 del ET admite en determinados supuestos, «si el trabajador resultase perjudicado», la rescisión del contrato con la indemnización señalada. Por el contrario, el art. 50.1 del ET establece una serie de «causas justas» para que el trabajador extinga unilateralmente su contrato con la indemnización tasada para el despido improcedente.

El art. 41.3 del ET condiciona la extinción a la existencia de un perjuicio para el trabajador.

JURISPRUDENCIA

STS n.º 853/2016, de 18 de octubre de 2016, ECLI:ES:TS:2016:4927

La indemnización del art. 41.3 del ET, (...) se reconoce por los perjuicios que causa la modificación de las condiciones del contrato, perjuicios cuya realidad y entidad debe probarse, pues no sería razonable, ni proporcional, sancionar con la rescisión contractual indemnizada, cualquier modificación que ocasionara un perjuicio mínimo, al ser ello contrario al espíritu de la norma que persigue la supervivencia de la empresa en dificultades, económicas en este caso, que se agravarían si todos los afectados rescindiesen sus contratos.

RESOLUCIÓN RELEVANTE

STSJ de Galicia, rec. 3074/2020, 11 de noviembre de 2020, ECLI:ES:TSJGAL:2020:6438

En cuanto al segundo motivo, el perjuicio ocasionado y su prueba para que la acción prospere es preciso que concurran los requisitos de: modificación sustancial de condiciones de trabajo, perjuicio para el trabajador y relación de causalidad entre la modificación y el perjuicio (STSJ País Vasco 17/1/2012), requisitos que concurren en el presente supuesto: «*(...) como se deja indicado ut supra, es sustancial, dicha modificación perjudica de forma clara y directa las posibilidades de formación del actor que no podrá acudir a las clases de estudios universitarios en que se encuentra matriculado cuando le corresponda el turno de tarde y cuando le corresponda el de mañana perderá, al menos la primera clase, ya que su horario de clases es de tarde siempre y se inicia antes de finalizar el turno de mañana, el perjuicio es obvio y presenta relación directa con la modificación del trabajo, tal perjuicio no es hipotético o posible sino real y evidente por lo que conforme a la doctrina contenida en la STS 18/3/96, 18/7/96, entre otras, el cambio al sistema de turnos realmente le impide continuar con sus estudios universitarios, así lo estima STSJ Madrid 24-04-2001, por lo que se desestima el motivo planteado por la recurrente*».

3.
IMPUGNACIÓN DE LA MEDIDA DE MODIFICACIÓN SUSTANCIAL DE LAS CONDICIONES DE TRABAJO

El art. 41.2 del ET distingue entre MSCT individuales o colectivas en atención a un criterio exclusivamente cuantitativo según se alcancen los umbrales numéricos establecidos en el período de 90 días (tomando como cómputo la empresa), por lo que la diferenciación de la acción individual frente a la colectiva no suele ser confusa. No obstante, la redacción del art. 41 del ET en relación a la impugnación de las dos medidas y de ciertos requisitos de comunicación si lo es.

El art. 138.1 de la LRJS, al referirse al plazo de 20 días para interponer la demanda frente a la referida decisión empresarial, determina que **el plazo de caducidad habrá de contarse desde su notificación por escrito a los trabajadores o a sus representantes, distinguiendo así la acción individual de la colectiva.**

> **A TENER EN CUENTA.** Dado que la reclamación previa o conciliación administrativa en el proceso individual no es necesaria (art. 64 de la LRJS), su presentación no interrumpe el plazo de 20 días para la caducidad de la acción.

A modo introductorio antes de analizar las claves para la impugnación de un MSCT en sus dos principales vertientes (colectiva e individual) resulta necesario analizar una serie de supuestos controvertidos que se pueden presentar en función de si la empresa cumple o no los requisitos establecidos por el art. 41 del ET y que suponen cierta controversia a la hora de entender el plazo de prescripción o caducidad de las acciones de reclamación.

1. La impugnación de una modificación sustancial de condiciones de trabajo individual se realiza a través de la modalidad procesal especial del art. 138 de la LRJS

Este procedimiento es válido para canalizar tanto la impugnación de la decisión empresarial posterior al procedimiento de modificación sustancial de condiciones de trabajo, como la decisión empresarial adoptada sin haberse seguido dicho procedimiento —lo que así deriva de la propia literalidad del citado art. 138 de la LRJS—.

No obstante, si la empresa no reconoce la existencia de una MSCT, cualquier comunicación en la que se notifique el cambio de condiciones, lógicamente, no tendría el valor de decisión de modificación sustancial de condiciones de trabajo, ni permitiría iniciar el cómputo de 20 días de caducidad establecido por la norma desde la notificación empresarial (STSJ de Galicia, rec. 2318/2017, de 15 de septiembre de 2107, ECLI:ES:TSJGAL:2017:5729). Aquí es donde surgen las diferentes interpretaciones de la doctrina y jurisprudencia que analizaremos y, a modo meramente orientativo, podemos resumir en las siguientes premisas:

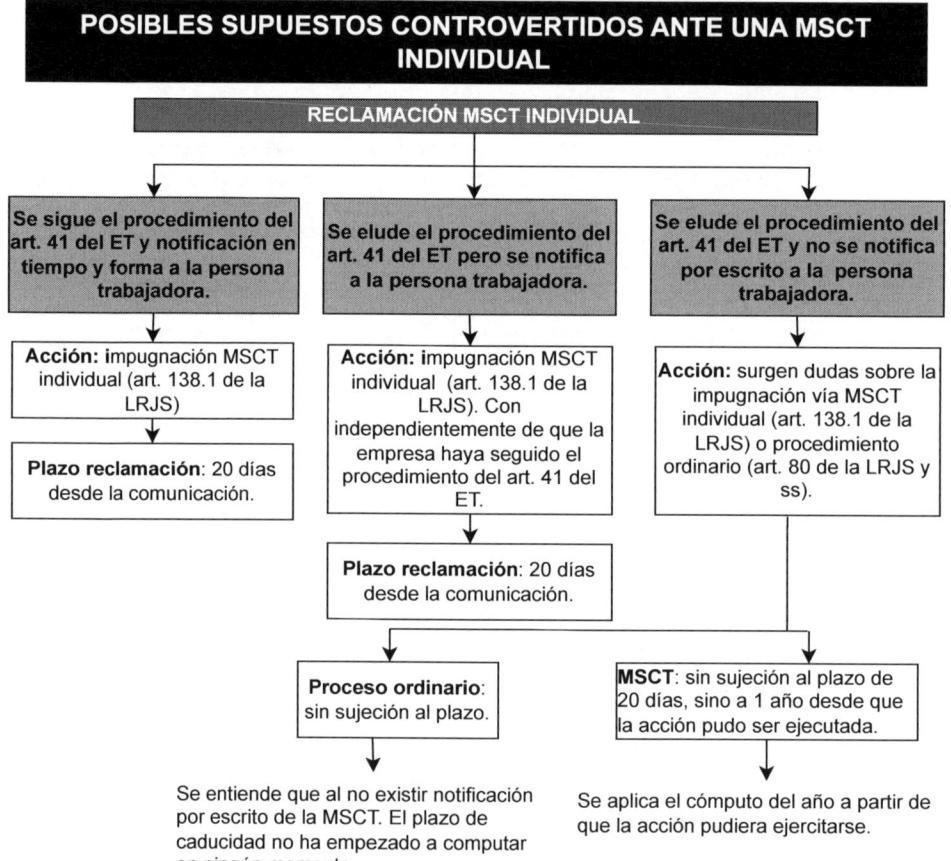

POSIBLES SUPUESTOS CONTROVERTIDOS ANTE UNA MSCT INDIVIDUAL

RECLAMACIÓN MSCT INDIVIDUAL

Se sigue el procedimiento del art. 41 del ET y notificación en tiempo y forma a la persona trabajadora.

Se elude el procedimiento del art. 41 del ET pero se notifica a la persona trabajadora.

Se elude el procedimiento del art. 41 del ET y no se notifica por escrito a la persona trabajadora.

Acción: impugnación MSCT individual (art. 138.1 de la LRJS)

Plazo reclamación: 20 días desde la comunicación.

Acción: impugnación MSCT individual (art. 138.1 de la LRJS). Con independientemente de que la empresa haya seguido el procedimiento del art. 41 del ET.

Plazo reclamación: 20 días desde la comunicación.

Acción: surgen dudas sobre la impugnación vía MSCT individual (art. 138.1 de la LRJS) o procedimiento ordinario (art. 80 de la LRJS y ss).

Proceso ordinario: sin sujeción al plazo.

MSCT: sin sujeción al plazo de 20 días, sino a 1 año desde que la acción pudo ser ejecutada.

Se entiende que al no existir notificación por escrito de la MSCT. El plazo de caducidad no ha empezado a computar en ningún momento.

Se aplica el cómputo del año a partir de que la acción pudiera ejercitarse.

* **No es necesaria la reclamación o conciliación administrativa previa.**

2. La impugnación de una modificación sustancial de condiciones de trabajo colectiva se realiza a través de la modalidad procesal especial del art. 153 y ss. de la LRJS

Periodo de consultas con acuerdo: cuando el periodo de consultas finalice con acuerdo se presumirá que concurren las causas justificativas y solo podrá ser impugnado ante la jurisdicción social por la existencia de fraude, dolo, coacción o abuso de derecho en su conclusión. Ello sin perjuicio del derecho de los trabajadores afectados a ejercitar la opción de rescindir su contrato y percibir una indemnización de veinte días de salario por año de servicio prorrateándose por meses los periodos inferiores a un año y con un máximo de nueve meses según el art. 41.3 (párrafo segundo) del ET.

Periodo de consultas sin acuerdo: frente a la modificación sustancial colectiva de las condiciones de trabajo llevada a cabo por la empresa después de cerrarse el periodo de consultas sin acuerdo se seguirá el procedimiento de conflicto colectivo. No obstante, en este caso, también encontraremos supuestos controvertidos derivados de la falta de periodo de consultas o de la notificación de la resolución final por parte de la empresa ante la falta de acuerdo.

El art. 41.5 del ET dice que *«contra las decisiones a las que se refiere el presente apartado se podrá reclamar en conflicto colectivo sin perjuicio de la acción individual prevista en el apartado 3 de este artículo. La interposición del conflicto paralizará la tramitación de las acciones individuales iniciadas hasta su resolución».*

La decisión empresarial modificativa, tras un período de consultas para la modificación sustancial colectiva de las condiciones de trabajo cerrado sin acuerdo, debe notificarse a los representantes de los trabajadores y surgen dudas sobre la necesidad de comunicación individualmente a los trabajadores afectados (sobre este último supuesto: STS, rec. 111/2005, 4 de abril de 2006, ECLI:ES:TS:2006:2961 y STSJ de Cataluña, rec. 1400/2013, de 21 de enero de 2014, ECLI:ES:TSJCAT:2014:505).

Aunque la representación legal de los trabajadores conozca la intención empresarial de realizar una MSCT, puesta de relieve en el periodo de consultas, debe existir un acto expreso de notificación de la decisión definitiva. De esta forma, por más contundentes que resulten las manifestaciones de la empresa en las reuniones llevadas a cabo, si no se comunica la decisión final no se habrá culminado correctamente el procedimiento de modificación sustancial de las condiciones de trabajo y, por tanto, la modificación implantada resultará nula, pudiendo accionarse mediante conflicto colectivo frente a la misma. (STS n.º 185/2020, de 27 de febrero de 2020, ECLI:ES:TS:2020:891).

Al igual que en el caso anterior también surgen diferentes interpretaciones de la doctrina y jurisprudencia que, a modo meramente orientativo, podemos resumir en las siguientes premisas:

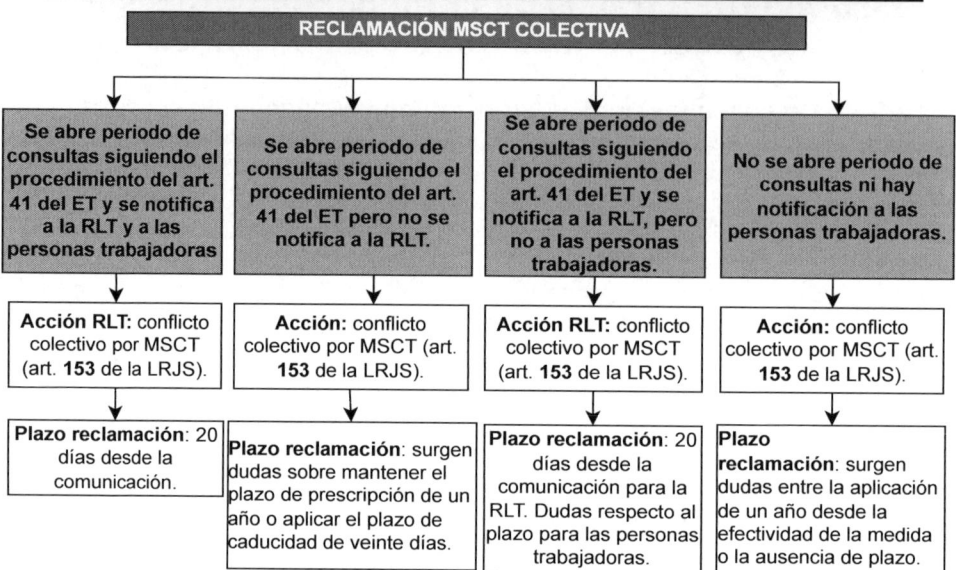

POSIBLES SUPUESTOS CONTROVERTIDOS ANTE UNA MSCT COLECTIVA

RECLAMACIÓN MSCT COLECTIVA

Se abre periodo de consultas siguiendo el procedimiento del art. 41 del ET y se notifica a la RLT y a las personas trabajadoras	Se abre periodo de consultas siguiendo el procedimiento del art. 41 del ET pero no se notifica a la RLT.	Se abre periodo de consultas siguiendo el procedimiento del art. 41 del ET y se notifica a la RLT, pero no a las personas trabajadoras.	No se abre periodo de consultas ni hay notificación a las personas trabajadoras.
Acción RLT: conflicto colectivo por MSCT (art. **153** de la LRJS).	**Acción:** conflicto colectivo por MSCT (art. **153** de la LRJS).	**Acción RLT:** conflicto colectivo por MSCT (art. **153** de la LRJS).	**Acción:** conflicto colectivo por MSCT (art. **153** de la LRJS).
Plazo reclamación: 20 días desde la comunicación.	**Plazo reclamación:** surgen dudas sobre mantener el plazo de prescripción de un año o aplicar el plazo de caducidad de veinte días.	**Plazo reclamación:** 20 días desde la comunicación para la RLT. Dudas respecto al plazo para las personas trabajadoras.	**Plazo reclamación:** surgen dudas entre la aplicación de un año desde la efectividad de la medida o la ausencia de plazo.

* Será requisito necesario para la tramitación del proceso el intento de conciliación o de mediación.

JURISPRUDENCIA

STS de 21 de octubre de 2014, ECLI:ES:TS:2014:5700

Afirma que «*la fijación de un plazo de caducidad perentorio constituye una garantía de la seguridad jurídica que para las partes se ha de derivar de la consolidación de una decisión no impugnada, de suerte que el transcurso del mismo actúa como ratificación de la aceptación de la parte social. De ahí que se exija la notificación escrita y que el plazo se inicie con dicha notificación de la decisión empresarial por escrito a los trabajadores o a sus representantes. Por ello, hemos señalado que, de no producirse la fehaciencia de la notificación, no cabe aplicar un plazo perentorio de caducidad tan breve e impeditivo del ejercicio de la acción*».

RESOLUCIÓN RELEVANTE

SAN n.º 30/2024, de 5 de marzo del 2024, ECLI:ES:AN:2024:782

En la controversia sometida a consideración de esta Sala, los demandantes imputan la modificación sustancial a una nota interna de la empresa y a un correo electrónico posterior dirigido por la dirección de recursos humanos a los Jefes de CCS, sin que conste acreditado por la empresa -a quien corresponde la carga de la prueba- que se notificó directa y expresamente a la representación de los trabajadores el contenido de la antecitada nota interna, lo que por aplicación del artículo 138.1 de la LRJS y la jurisprudencia recaída en su interpretación, nos lleva a desestimar la excepción de caducidad, por cuanto no se ha cumplido por parte de la empresa con la premisa —notificación a la representación de los trabajadores— que permite poder apreciar una posible caducidad de la acción. A mayor abundamiento, y a los meros efectos dialécticos, si diéramos por buena como fecha inicial del cómputo del plazo la de la nota interna, es decir, el 5 de diciembre de 2023, tampoco cabría apreciar la caducidad, por cuanto la demanda se presentó el 4 de enero del 2024, dentro del plazo de 20 días previsto en la norma procesal.

3.1. Impugnación de la medida de modificación sustancial de las condiciones de trabajo de carácter colectivo

Los procesos de conflictos colectivos aparecen regulados en los arts. 153-162 de la LRJS. Se tramitarán a través de este proceso las demandas que afecten a intereses generales de un grupo genérico de trabajadores o a un colectivo genérico susceptible de determinación individual y que versen sobre la **aplicación e interpretación de una norma estatal, convenio colectivo,** cualquiera que sea su eficacia, **pactos o acuerdos de empresa,** o de una **decisión empresarial de carácter colectivo,** incluidas las que regulan el apartado 2 art. 40-41 del ET, y las suspensiones y reducciones de jornada previstas en el art. 47 del Estatuto de los Trabajadores, que afecten a un número de trabajadores igual o superior a los umbrales previstos en el apartado 1 del art. 51 del Estatuto de los Trabajadores, o de una **práctica de empresa** y de los **acuerdos de interés profesional de los trabajadores autónomos económicamente dependientes,** así como la impugnación directa de los **convenios o pactos colectivos no comprendidos en el art. 163 de la LRJS.**

3.1.1. Procedimiento de conflicto colectivo

En primer lugar puede decirse, siguiendo la doctrina del Tribunal Constitucional, que el **procedimiento de conflictos colectivos es el modo específico en que se garantiza la tutela judicial efectiva en aquellos supuestos en los que la controversia es asumida por la colectividad de los afectados, y planteada a través de instrumentos colectivos.** (STC 74/1983)

En este sentido el art. 153.1 de la LRJS, dispone:

«Se tramitarán a través del presente proceso las demandas que afecten a intereses generales de un grupo genérico de trabajadores o a un colectivo genérico susceptible de determinación individual y que versen sobre la aplicación e interpretación de una norma estatal, convenio colectivo, cualquiera que sea su eficacia, pactos o acuerdos de empresa, o de una decisión empresarial de carácter colectivo, incluidas las que regulan el apartado 2 del artículo 40, el apartado 2 del artículo 41, y las suspensiones y reducciones de jornada previstas en el artículo 47 del Estatuto de los Trabajadores que afecten a un número de trabajadores igual o superior a los umbrales previstos en el apartado 1 del artículo 51 del Estatuto de los Trabajadores, o de una práctica de empresa y de los acuerdos de interés profesional de los trabajadores autónomos económicamente dependientes, así como la impugnación directa de los convenios o pactos colectivos no comprendidos en el artículo 163 de esta Ley. Las decisiones empresariales de despidos colectivos se tramitarán de conformidad con lo previsto en el artículo 124 de esta Ley».

Asimismo, se tramitará conforme a este proceso la impugnación de las decisiones de la empresa de atribuir carácter reservado o de no comunicar determinadas informaciones a los representantes de los trabajadores, así como los litigios relativos al cumplimiento por los representantes de los trabajadores y los expertos que les asistan de su obligación de sigilo.

El art. 153 de la LRJS, ha regulado de modo preciso y sistemático qué demandas deberán tramitarse por el procedimiento de conflicto colectivo, de modo que el conflicto deberá afectar en todo caso a intereses generales de un grupo genérico de trabajadores o a un colectivo genérico susceptible de determinación individual, por lo que ha asumido los criterios o reglas fuerza de la jurisprudencia (STS, rec. 44/2013, de 23 de diciembre de 2013, ECLI:ES:TS:2013:6666)), que ha establecido los requisitos siguientes:

1. Uno **subjetivo**, integrado por la referencia a la afectación de un grupo genérico de trabajadores, «*entendiendo por tal no la mera pluralidad, suma o agregado de trabajadores singularmente considerados, sino un conjunto estructurado a partir de un elemento de homogeneidad*».

2. Otro **objetivo**, consistente en la presencia de un interés general, que es el que se actúa a través del conflicto y que se define como «*un interés indivisible correspondiente al grupo en su conjunto y, por tanto, no susceptible de fraccionamiento entre sus miembros*».

Se **excluyen** (de forma no exhaustiva):

- Los conflictos colectivos de intereses, cuyo objetivo es alcanzar una nueva regulación o novar la existente (STS, rec. 182/2010, de 2 de junio de 2011, ECLI:ES:TS:2011:4699).

- Los conflictos individuales (STS, rec. 182/2010, de 2 de junio de 2011, ECLI:ES:TS:2011:4699) o plurales (STS, rec. 42/2011, de 31 de enero de 2012, ECLI:ES:TS:2012:967 y STS, rec. 53/2011, de 20 de marzo de 2012, ECLI:ES:TS:2012:2288) que no afectan a un colectivo genérico de trabajadores. (STS, rec. 234/2011, de 16 de octubre de 2012, ECLI:ES:TS:2012:6860).

- Las decisiones empresariales de despidos colectivos por causas económicas, organizativas, técnicas o de producción o derivadas de fuerza mayor, que se tramitarán de conformidad con lo previsto en el art. 124 de la LRJS.

El hecho de que un litigio tenga por objeto un interés individualizable, que se concrete o pueda concretarse en un derecho de titularidad individual, no hace inadecuado el procedimiento especial de conflicto colectivo, siempre que el origen de la controversia sea la interpretación o aplicación de una regulación jurídicamente vinculante que afecte de manera homogénea e indiferenciada a un grupo de trabajadores. Ello es así porque, al igual que en los conflictos individuales puede haber un momento colectivo que se identifica con la interpretación de una regla general, en los conflictos colectivos divisibles hay también un momento individual o plural en la medida en que la interpretación general ha de afectar necesariamente a los trabajadores incluidos en el ámbito de aplicación del conflicto, como, por otra, muestra claramente el art. 158.3 de la LRJS, añadiendo que «el problema no consiste tanto en esa potencial afectación plural que puede derivarse de una sentencia colectiva, sino en la dimensión en que ha de plantearse la controversia, que no puede consistir en la solicitud del reconocimiento de una situación individualizada de uno o varios trabajadores, sino en una declaración general que se corresponda con el propio carácter genérico del grupo de los trabajadores incluidos en el conflicto.

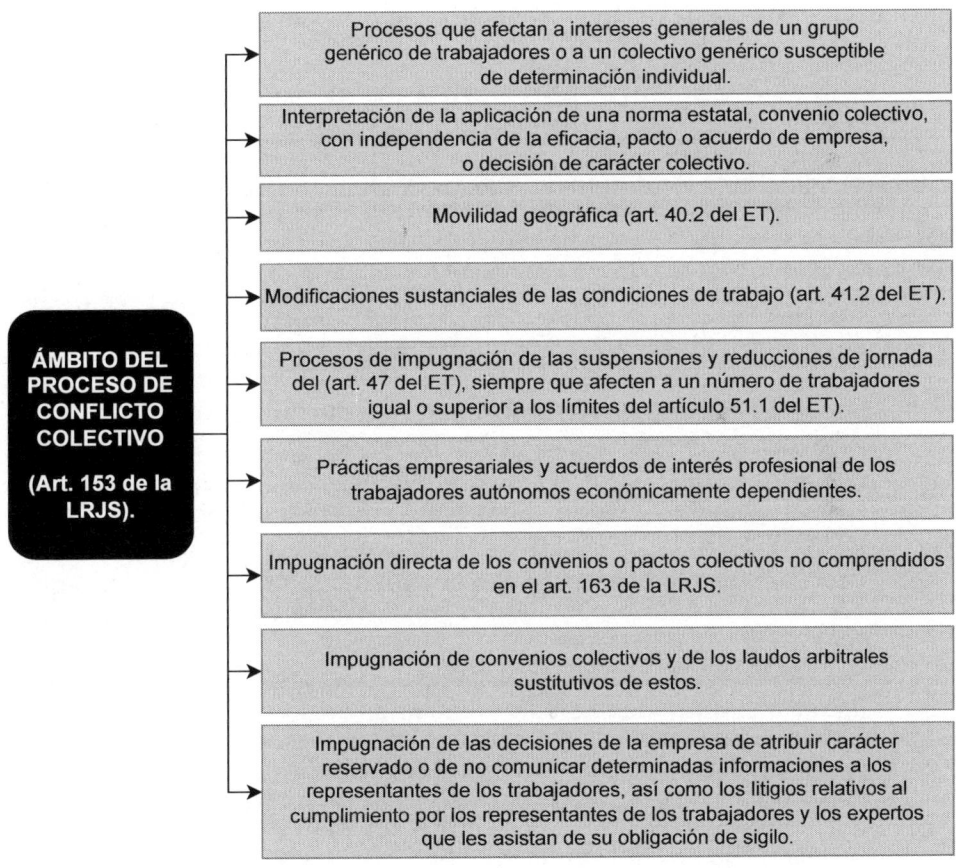

3.1.2. Legitimación activa y pasiva para promover procesos sobre conflictos colectivos

Estarán legitimados para promover procesos sobre conflictos colectivos: a) Los sindicatos cuyo ámbito de actuación se corresponda o sea más amplio que el del conflicto; b) Las asociaciones empresariales cuyo ámbito de actuación se corresponda o sea más amplio que el del conflicto, siempre que se trate de conflictos de ámbito superior a la empresa; c) Los empresarios y los órganos de representación legal o sindical de los trabajadores, cuando se trate de conflictos de empresa o de ámbito inferior; d) Las Administraciones públicas empleadoras incluidas en el ámbito del conflicto y los órganos de representación del personal laboral al servicio de las anteriores; e) Las asociaciones representativas de los trabajadores autónomos económicamente dependientes y los sindicatos representativos de estos, para el ejercicio de las acciones colectivas relativas a su régimen profesional.

1. Legitimación activa en el proceso de conflictos colectivos

En relación con la **legitimación activa,** la LRJS ha ampliado el elenco de sujetos legitimados para adecuarlo a la ampliación de su ámbito competencial, de esta manera estarán legitimados para incoar el procedimiento de conflictos colectivos, según dispone el art. 154 de la LRJS:

– Los sindicatos cuyo ámbito de actuación corresponda o sea más amplio que el del conflicto.

– Las asociaciones empresariales cuyo ámbito de actuación se corresponda o sea más amplio que el del conflicto, siempre que se trate de conflictos de ámbito superior a la empresa.

– Los empresarios y los órganos de representación legal o sindical de los trabajadores, cuando se trate de conflictos de empresa o de ámbito inferior.

– Las Administraciones públicas empleadoras incluidas en el ámbito del conflicto y los órganos de representación del personal laboral al servicio de las anteriores.

– Las asociaciones representativas de los trabajadores autónomos económicamente dependientes y los sindicatos representativos de estos, para el ejercicio de las acciones colectivas relativas a su régimen profesional, siempre que reúnan el requisito de la letra a) anterior, así como las empresas para las que ejecuten su actividad y las asociaciones empresariales de éstas siempre que su ámbito de actuación sea al menos igual al del conflicto.

La legitimación activa para el planteamiento de conflictos colectivos es una cuestión sobre la que la Sala IV del TS se ha ocupado reiteradamente, en especial, **cuando los sindicatos tienen ámbito empresarial.** Desde la perspectiva de la representación de los trabajadores, según el art. 154.c) de la LRJS, ostentan legitimación los representantes legales o sindicales de los trabajadores y, de conformidad con el apartado a) del mismo precepto, los sindicatos cuyo ámbito de actuación se corresponda o sea más amplio que el del conflicto. Por ello, la jurisprudencia ha venido interpretando que, en virtud del art. 154.a) de la LRJS, **los sindicatos no sólo están legitimados para iniciar procesos de conflicto colectivo supraempresariales, sino que también gozan de capacidad para incoar litigios en la esfera de la empresa o ámbito inferior**, pues «*(...) constituyendo el objeto del proceso que nos ocupa la cuestión relativa a si a la empresa demandada y a sus trabajadores les resulta o no aplicable un determinado convenio, los sindicatos actores, cuyo ámbito de actuación es más amplio que el del conflicto, tienen sin duda legitimación para promover dicho conflicto*». (STS, rec. 160/2018, de 11 de marzo de 2020, ECLI:ES:TS:2020:1016 y STS n.º 298/2024, de 16 de febrero de 2024, ECLI:ES:TS:2024:1093).

Tal legitimación *ad causam* se concede a los sindicatos siempre que reúnan dos requisitos:

– El respeto al **principio de correspondencia**: exige que el ámbito de actuación del órgano de representación de los trabajadores en el ámbito del convenio de empresa ha de corresponderse estrictamente con el de afectación del convenio colectivo y que no incide en esa legitimación —que es una cuestión de orden público— el hecho de que los restantes centros de trabajo de la empresa no tengan representación unitaria, pues la elección de los órganos de representación unitaria de los centros de trabajo compete a los trabajadores de dichos centros y la inexistencia de los mismos no puede producir el efecto de otorgar legitimación a la representación legal de otro centro de trabajo. (La STS, rec. 212/2016, 19 julio 2017, ECLI:ES:TS:2017:3225 cita numerosas resoluciones judiciales y resume su significado: el principio de correspondencia en orden a la legitimación para promover el proceso de conflicto colectivo).

– El cumplimiento del principio de **implantación suficiente en el ámbito del conflicto**: el art. 17.2 de la LRJS, reconoce la legitimación activa de los sindicatos «(...) con implantación suficiente en el ámbito del conflicto». (La STS, rec. 678/2022, 20 julio, ECLI:ES:TS:2022:3097 y la STS n.º 662/2022, de 13 de julio de 2022, ECLI:ES:TS:2022:3231, citan numerosas resoluciones judiciales con ejemplos de suficiente e insuficiente implantación del sindicato).

2. Intervención de sindicatos, asociaciones empresariales y órganos de representación

En todo caso, los sindicatos representativos, o los simplemente representativos, en el plano nacional o en el de la CCAA, las asociaciones empresariales representativas en los términos del art. 87 del Estatuto de los Trabajadores, y los órganos de representación legal o sindical podrán personarse como partes en el proceso, aun cuando no lo hayan promovido, siempre que su ámbito de actuación se corresponda o sea más amplio que el del conflicto (art. 155 de la LRJS).

3. Legitimación pasiva en el proceso de conflictos colectivos

En cuanto a la **legitimación pasiva,** la ley no se pronuncia expresamente, salvo en lo referente a la impugnación de convenios colectivos del art. 165.2 de la LRJS, sobre quien ostenta la legitimación pasiva en estos procesos. Si bien lo más común es que el conflicto se plantee contra el empresario o asociación empresarial, pero cuando son ellos los demandantes, la legitimación pasiva corresponderá a los representantes de los trabajadores afectados por el conflicto.

3.1.3. Especialidades procesales del procedimiento judicial de solución de conflictos colectivos

Los arts. 153-162 de la LRJS regulan las especialidades del proceso de conflictos colectivos.

1. Requisito de conciliación previa

En relación con la conciliación previa, se trata de un **requisito necesario para la incoación del proceso** el haber planteado ante el servicio administrativo correspondiente o ante el órgano que asuma estas funciones, tal y como dispone el art. 156 de la LRJS. Continúa diciendo dicho precepto que lo que se acuerde en conciliación o mediación tendrá, según su naturaleza, la misma eficacia atribuida a los convenios colectivos por el art. 82 del Estatuto de los Trabajadores, siempre que las partes que concilien, ostenten la legitimación y adopten el acuerdo conforme a los requisitos exigidos por las citadas normas. En tal caso se enviará copia de la misma a la autoridad laboral. En el caso de los trabajadores autónomos económicamente dependientes, el acuerdo alcanzado tendrá la eficacia correspondiente a los acuerdos de interés profesional regulados en el art. 13 de la Ley 20/2007, de 11 de julio.

En caso de lograrse acuerdo en el acto de conciliación extrajudicial, el procedimiento se aborta, estableciendo la ley que dicho acuerdo tiene la misma eficacia que se les atribuye a los convenios colectivos por el art. 82 del ET.

Cabe mencionar además que pueden existir en el correspondiente convenio colectivo una específica atribución de funciones a la comisión paritaria del mismo, con el objeto de intentar solucionar los conflictos que surjan en la aplicación del mismo.

Además puede estar previsto en convenio colectivo otros cauces extrajudiciales de resolución de conflictos como la mediación o el arbitraje. En tales casos, tanto los acuerdos logrados, como el laudo arbitral, tienen los mismos efectos que el convenio, siempre que las partes tengan legitimación para negociar en su ámbito un convenio estatutario, conforme a las reglas que se establecen en los arts. 87-89 del ET.

2. Inicio del proceso de conflictos colectivos

Este proceso deberá plantearse, según el ámbito, ante el correspondiente juzgado o tribunal, esto es, las **Salas de lo Social de los TSJ o de la Audiencia Nacional,** iniciándose mediante **demanda** dirigida directamente al juzgado o tribunal competente por los sujetos legitimados y previo intento de conciliación. En este sentido los requisitos de la demanda, aparte de los contenidos en el art. 80 de la LRJS, son los siguientes, tal y como dispone el art. 157.2 de la LRJS:

 - La designación general de los trabajadores y empresas afectados por el conflicto y, cuando se formulen pretensiones de condena que aunque referidas a un colectivo genérico, sean susceptibles de determinación individual ulterior sin necesidad de nuevo litigio, habrán de consignarse los datos, características y requisitos precisos para una posterior individualización de los afectados por el objeto del conflicto y el cumplimiento de la sentencia respecto de ellas.

 - La designación concreta del demandado o demandados, con expresión del empresario, asociación empresarial, sindicato o representación unitaria a quienes afecten las pretensiones ejercitadas.

 - Una referencia sucinta a los fundamentos jurídicos de la pretensión formulada.

 - Las pretensiones interpretativas, declarativas, de condena o de otra naturaleza concretamente ejercitadas según el objeto del conflicto.

En segundo lugar, el procedimiento puede comenzar mediante **comunicación** de la autoridad laboral dirigida al juzgado o tribunal que tenga atribuida la competencia para conocer del asunto de que se trate. Cuando los conflictos afecten a más de una CCAA, el órgano competente será la Dirección General de Trabajo.

Dispone además el art. 158 de la LRJS, que «(...) *en dicha comunicación se contendrán idénticos requisitos a los exigidos para la demanda en el artículo anterior. El secretario judicial (actualmente LAJ) advertirá a la autoridad laboral de los defectos u omisiones que pudiera contener la comunicación, a fin de que se subsanen en el plazo de diez días».*

3. Tramitación

En cuanto a su **tramitación**, dispone el art. 159 de la LRJS, que *«este proceso tendrá carácter urgente».* La **preferencia** en el despacho de estos asuntos será absoluta sobre cualesquiera otros, salvo los de tutela de los derechos fundamentales y libertades públicas. Dicha urgencia se manifiesta en los plazos, por una parte:

 - Los días del mes de agosto y los días que median entre el 24 de diciembre y el 6 de enero del año siguiente, ambos inclusive, se consideran hábiles (art. 43.4 de la LRJS).

– La celebración del acto del juicio deberá tener lugar, en única convocatoria, dentro de los **cinco días** siguientes a la admisión a trámite de la demanda (art. 160.1 de la LRJS).

– La sentencia se dictará dentro de los **tres días** siguientes, notificándose, en su caso, a la autoridad laboral competente (art. 160.2 de la LRJS).

Por otra parte, la celeridad de este proceso se exterioriza en la **inexistencia de recurso** contra las resoluciones que se dicten en su tramitación, salvo contra el auto por el cual el juez o tribunal declare su incompetencia, tal y como se establece en el art. 161 de la LRJS.

Asimismo dispone el art. 162 de la LRJS, que si se recibe en el juzgado o tribunal comunicación de las partes de haber quedado solventado el conflicto, se procederá por el LAJ sin más al archivo de las actuaciones, cualquiera que sea el estado de su tramitación anterior a la sentencia.

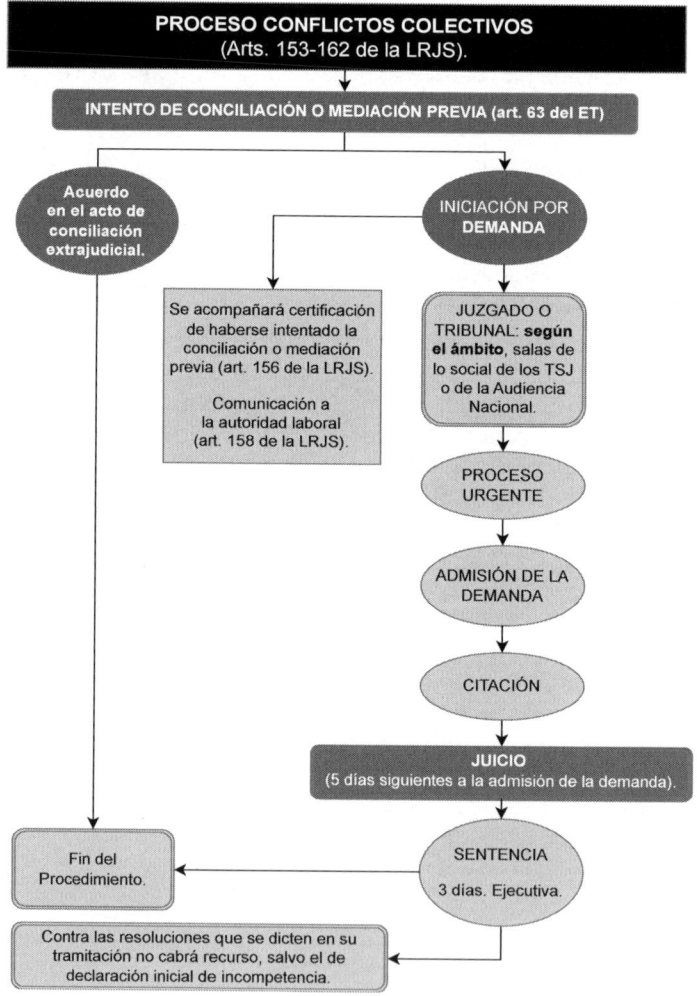

4. Particularidades propias de la sentencia

En relación con las particularidades propias de la **sentencia** cabe mencionar las siguientes:

- Debe notificarse, en su caso, a la autoridad laboral competente (art. 160.2 de la LRJS).

- Es una sentencia **ejecutiva**, desde el momento en que se dicte, no obstante el recurso que contra la misma pueda interponerse, y según la naturaleza de la pretensión deducida (art. 303.1 de la LRJS). Dicho recurso ha de ser o bien el de suplicación o bien el de casación, tras haber desaparecido el recurso especial para estos procesos establecido en la Ley de Procedimiento Laboral.

- El art. 160.3 de la LRJS, dispone que *«(...) de ser estimatoria de una pretensión de condena susceptible de ejecución individual, deberá contener, en su caso, la concreción de los datos, características y requisitos precisos para una posterior individualización de los afectados por el objeto del conflicto y beneficiados por la condena y especificar la repercusión directa sobre los mismos del pronunciamiento dictado. Asimismo deberá contener, en su caso, la declaración de que la condena ha de surtir efectos procesales no limitados a quienes hayan sido partes en el proceso correspondiente».*

- La sentencia firme producirá efectos de cosa juzgada sobre los procesos individuales pendientes de resolución o que puedan plantearse, que versen sobre idéntico objeto o en relación de directa conexidad con aquél, tanto en el orden social como en el contencioso-administrativo, que quedarán en suspenso durante la tramitación del conflicto colectivo. La suspensión se acordará aunque hubiere recaído sentencia de instancia y estuviere pendiente el recurso de suplicación y de casación, vinculando al tribunal correspondiente la sentencia firme recaída en el proceso de conflicto colectivo, incluso aunque en el recurso de casación unificadora no se hubiere invocado aquélla como sentencia contradictoria. (STS, rec. 2019/2008, de 5 de mayo de 2009, ECLI:ES:TS:2009:3399; STS, rec. 5481/2005, de 31 de enero de 2007, ECLI:ES:TS:2007:887).

- El efecto normativo de la sentencia firme de conflicto colectivo no impide, sin embargo, que se dicte sentencia en los procesos individuales pendientes, sino que solamente obliga a que la decisión que se adopte en los mismos «siga y aplique los mandatos establecidos por la sentencia firme anterior». Se produce de esta manera lo que se denomina «efecto positivo» o «prejudicial» de la cosa juzgada, que suspende el trámite de los procesos individuales sobre idéntico objeto hasta que adquiera firmeza la sentencia colectiva, pero no el «efecto negativo» o «preclusivo» de la cosa juzgada, el cual impide que los tribunales se pronuncien de nuevo sobre un asunto ya resuelto por una sentencia firme anterior.

- La sentencia que se dicta en el proceso de conflicto colectivo define el sentido en que se ha de interpretar la norma discutida o el modo en que ésta ha de ser aplicada. (STS, rec. 4755/2004, de 5 de diciembre de 2005, ECLI:ES:TS:2005:7543, STS, rec. 3637/2010, de 5 de octubre de 2011, ECLI:ES:TS:2011:7961, STS, rec. 4265/2011, de 14 de junio de 2012, ECLI:ES:TS:2012:4701; STS, rec. 2176/2011, de 11 de julio de 2012, ECLI:ES:TS:2012:5627).

JURISPRUDENCIA

STS, rec. 187/2010, de 11 de octubre de 2011, ECLI:ES:TS:2011:7965

La sentencia de conflicto colectivo de condena exigirá, conforme dispone el art. 160.3 de la LRJS, que sea susceptible de ejecución individual, lo que le obligará a concretar en el fallo los datos, características y requisitos precisos para una posterior individualización de los afectados por el objeto del conflicto y beneficiados por su condena y especificar la repercusión directa sobre los mismos del pronunciamiento dictado, previniéndose, a continuación, que deberá contener, en su caso, la declaración de que la condena ha de surtir efectos procesales no limitados a quienes hayan sido partes en el proceso correspondiente, lo cual no era posible con las sentencias meramente declarativas, que en la regulación anterior eran las sentencias colectivas normalizadas. En efecto, la jurisprudencia distinguía claramente de las sentencias declarativas y de condena, señalando que, a diferencia de lo que ocurre con las sentencias meramente declarativas que pueden tener por objeto *«la aplicación e interpretación de una norma general de una norma estatal, convenio colectivo (...) o una decisión o práctica de empresa»* desde una perspectiva general que coincide con el interés también general del grupo, la sentencia de condena no se detiene en este elemento interpretativo de carácter general, sino que, al imponer el cumplimiento de la obligación en el caso concreto, parte del cumplimiento de todos los elementos fácticos que constituyen esa obligación y de la inexistencia de los hechos impeditivos o extintivos que pueden excluirla.

STS, rec. 79/2020, de 21 de diciembre de 2021, ECLI:ES:TS:2021:4870

Se considera la inadecuación de procedimiento de conflicto colectivo para la reclamación de encuadramiento y clasificación profesional de un grupo de trabajadores.

«(...) el conflicto colectivo exige que afecte al interés general de un grupo genérico e indeterminado de trabajadores, aquí no resulta apreciable ese interés general porque el análisis de las pretensiones formuladas exige la acreditación de que todos y cada uno de los integrantes del grupo cumplen las exigencias que el convenio colectivo determina para el acceso a la categoría profesional que reclaman para todos indistintamente. Como se ha visto estas exigencias convencionales no son en modo alguno genéricas, sino concretas; se requiere una determinada formación académica y/o profesional; además de una determinada experiencia reflejada en la realización previa de determinadas tareas que el convenio describe».

STS n.º 852/2016, de 18 octubre, ECLI:ES:TS:2016:4807

Subrayaba que, a efectos del conflicto colectivo, la configuración del grupo, como es obvio, no constituye una unidad aislada de los individuos que en última instancia lo integran, y a los que como trabajadores individuales en definitiva afecta el conflicto colectivo y que pueden en su momento hacer valer el derecho que eventualmente se reconozca y declare en el mismo. Pero existe una clara diferencia entre el grupo como tal y los trabajadores individuales que en última instancia lo componen, y consiste en que el grupo está configurado por rasgos y conceptos que a priori y no sujetos a prueba lo configuran, mientras que los trabajadores individuales forman parte o no del anterior en atención a circunstancias personales que en cada caso han de probarse.

STS, rec. 79/2020, de 21 de diciembre de 2021, ECLI:ES:TS:2021:4870

«(...) la clave para establecer la diferencia entre un conflicto individual o plural y un conflicto colectivo no reside ni ha residido nunca en el número de sujetos que quedan afectados por la controversia. Por el contrario, la diferencia entre unos y otros se ha venido situando en las características y alcance del interés discutido: si el interés en juego es el propio, personal e individual de cada uno de los trabajadores, se ha considerado que estamos bien ante un conflicto individual -cuando el afectado era un trabajador- o bien ante un conflicto plural -cuando los afectados individualmente eran varios trabajadores-; en cambio, si como afirmaba el art. 151.1 LPL - y reitera el art. 153.1 LRJS -, el interés en litigio es el general de un grupo genérico de trabajadores, se ha estimado que el conflicto era colectivo, con independencia de que fueran muchos o pocos los afectados.

Junto a la existencia de un grupo genérico de trabajadores, que aquí no se discute, la existencia de un verdadero conflicto colectivo requiere la simultánea concurrencia del llamado elemento objetivo, manifestado en el art. 153.1 LRJS por la exigencia de que las demandas afecten a "intereses generales" del grupo genérico de trabajadores. La clave que resulta decisiva y determinante para diferenciar cuando estamos ante un conflicto colectivo y cuando ante un conflicto plural o individual consiste en atender al tipo de valoraciones, más o menos concretas, que el examen y resolución de la cuestión planteada requieren: si la pretensión formulada puede resolverse de forma abstracta, sin atender a situaciones particulares de cada trabajador, habrá que considerar adecuada la vía del proceso de conflicto colectivo; por el contrario, cuando estemos ante demandas cuya solución exija tener en cuenta las circunstancias personales de cada uno de los sujetos afectados, entonces la tramitación habrá de realizarse por la vía del proceso ordinario o el que, en su caso, corresponda».

3.2. Impugnación de la medida de modificación sustancial de las condiciones de trabajo de carácter individual

Sin perjuicio de la ejecutividad de la modificación, la persona trabajadora que no habiendo optado por la rescisión de su contrato se muestre disconforme con la decisión empresarial de MSCT individual podrá **impugnar ante la jurisdicción social**, entrando en juego los siguientes preceptos (algunos ya tratados al abordar la actuación de las personas trabajadoras respecto a la modificación sustancial de las condiciones de trabajo):

Art. 41.3 del Estatuto de los Trabajadores: «3. La decisión de modificación sustancial de condiciones de trabajo de carácter individual deberá ser notificada por el empresario al trabajador afectado y a sus representantes legales con una antelación mínima de quince días a la fecha de su efectividad».

Art. 59.4 del Estatuto de los Trabajadores: «Lo previsto en el apartado anterior será de aplicación a las acciones contra las decisiones empresariales en materia de movilidad geográfica y modificación sustancial de condiciones de trabajo. El plazo se computará desde el día siguiente a la fecha de notificación de la decisión empresarial, tras la finalización, en su caso, del periodo de consulta».

Art. 26.8 de la LRJS: «(...) se podrán acumular en una misma demanda acciones de modificaciones sustanciales de condiciones de trabajo por parte de distintos actores contra un mismo demandado siempre que deriven de los mismos hechos o de una misma decisión empresarial».

Art. 138.1 de la LRJS: «1. El proceso se iniciará por demanda de los trabajadores afectados por la decisión empresarial, aunque no se haya seguido el procedimiento de los artículos 40 , 41 y 47 del Estatuto de los Trabajadores. La demanda deberá presentarse en el plazo de caducidad de los veinte días hábiles siguientes a la notificación por escrito de la decisión a los trabajadores o a sus representantes, conforme a lo dispuesto en el apartado 4 del artículo 59 del Estatuto de los Trabajadores , plazo que no comenzará a computarse hasta que tenga lugar dicha notificación, sin perjuicio de la prescripción en todo caso de las acciones derivadas por el transcurso del plazo previsto en el apartado 2 del artículo 59 del Estatuto de los Trabajadores».

De los anteriores preceptos, razona la STS n.º 30/2017, de 12 de enero, ECLI:ES:TS:2017:806 y la STS, rec. 173/2010, de 30 de junio de 2011, ECLI:ES:TS:2011:5459, sobre el plazo de impugnación de las MSCT, *«lo decisivo es la notificación por escrito a los trabajadores y desde el día siguiente a esa fecha corre el plazo de caducidad de la acción».* Es decir, la demanda contra la modificación sustancial deberá presentarse en el plazo de caducidad de los veinte días hábiles siguientes a la notificación por escrito de la decisión a los trabajadores o a sus representantes.

Otro aspecto importante es que la impugnación de la modificación se realiza con la intención del mantenimiento del contrato, **por lo que resulta incompatible con cualquier fórmula extintiva** (arts. 41.3 y 50 del ET); lo que no significa que sean alternativas, pues **si la impugnación hubiera dado como resultado la justificación de la modificación el trabajador podría solicitar la extinción tras la resolución judicial.** (STS n.º 634/2022, de 7 de julio de 2022, ECLI:ES:TS:2022:2942).

1. Inicio del proceso y legitimación activa y pasiva

El proceso se iniciará por demanda de los trabajadores afectados por la decisión empresarial, aunque no se haya seguido el procedimiento legal para la movilidad geográfica, modificaciones sustanciales de condiciones de trabajo o suspensión del contrato y reducción de jornada por causas económicas, técnicas, organizativas o de producción o derivadas de fuerza mayor (arts. 40, 41 y 47 del Estatuto de los Trabajadores). La **legitimación activa en el proceso**, por tanto, la ostentan los trabajadores afectados por la decisión empresarial.

La **legitimación pasiva** la ostenta la empresa, regulándose en el art. 138.2 de la LRJS dos medidas de litisconsorcio pasivo necesario donde, junto al empresario, han de ser demandados otros sujetos:

- Cuando el objeto del debate verse sobre preferencias atribuidas a determinados trabajadores, éstos también deberán demandarse.

– Cuando, tratándose de traslados, modificaciones, suspensiones o reducciones de carácter colectivo, la medida cuente con la conformidad de los representantes de los trabajadores, la RLT también deberá demandarse.

El **órgano jurisdiccional competente** para interponer la demanda será con carácter general el juzgado del lugar de prestación de los servicios o el del domicilio del demandado, a elección del demandante (art. 10.1 de la LRJS).

2. Acto de conciliación o mediación previa

No es obligatorio el acto de conciliación (art. 64.1 de la LRJS), o conciliación administrativa previa (art. 63 de la LRJS), por lo que se puede presentar la demanda directamente en el juzgado.

En el caso de que resulten demandadas administraciones públicas no será necesario interponer reclamación administrativa previa (art. 69 de la LRJS).

3. Plazo de presentación de la demanda

La demanda deberá presentarse en el **plazo de caducidad de los veinte días hábiles siguientes a la notificación por escrito de la decisión a los trabajadores o a sus representantes** (art. 59 del Estatuto de los Trabajadores), plazo que no comenzará a computarse hasta que tenga lugar dicha notificación, sin perjuicio de la prescripción en todo caso de las acciones derivadas por el transcurso del plazo —de un año— previsto en el art. 59.2 del Estatuto de los Trabajadores (art. 138.1 de la LRJS).

4. Informe urgente a la Inspección de Trabajo y Seguridad Social

El órgano jurisdiccional podrá recabar informe urgente de la Inspección de Trabajo y Seguridad Social, remitiéndole copia de la demanda y documentos que la acompañen. El informe versará sobre los hechos invocados como justificativos de la decisión empresarial en relación con la modificación acordada y demás circunstancias concurrentes (art. 138.3 de la LRJS).

5. Incidencias en la tramitación de carácter procesal: la litispendencia

La sentencia firme dictada en proceso de conflicto colectivo producirá efectos de cosa juzgada sobre los procesos individuales pendientes de resolución o que puedan plantearse, que versen sobre idéntico objeto. En este caso:

– Si una vez iniciado el proceso se plantease demanda de conflicto colectivo contra la decisión empresarial, aquel proceso se **suspenderá** hasta la resolución de la demanda de conflicto colectivo, que una vez firme tendrá eficacia de cosa juzgada sobre el proceso individual en los términos del art. 160.3 de la LRJS (arts. 127.7 y 138.4 de la LRJS). No obstante, el acuerdo entre el empresario y los representantes legales de los trabajadores que pudiera recaer una vez iniciado el proceso no interrumpirá la continuación del procedimiento.

– A los procesos de oficio iniciados en virtud de comunicación de la autoridad laboral regulados en el art. 148 de la LRJS se acumularán, de acuerdo con las reglas de los arts. 28 a 32 de la LRJS, las demandas individuales en que concurran identidad de personas y de causa de pedir respecto de la demanda de oficio, aunque pendan en distintos juzgados o tribunales. Dicha acumulación se acordará por el juzgado o tribunal mediante auto (art. 31 de la LRJS).

La interconexión entre sentencias y sobre todo el **carácter normativo que la sentencia colectiva tiene con respecto a las individuales,** obliga a que el propio proceso colectivo deba producir determinadas consecuencias o efectos en relación con los de carácter individual vinculados a él, pues de no ser así no se lograrían las finalidades que se persiguen con esta especialísima modalidad procesal, dejándola vacía de contenido y quebrantado su propia razón de ser. Y, habiéndose fijado por la doctrina que no existe litispendencia entre estas clases de procesos, se ha de concluir que **el efecto que produce el proceso de conflicto colectivo, una vez que se interpone e inicia, sobre los procesos individuales, es el de suspender el trámite de los mismos hasta que adquiera firmeza la sentencia que ponga fin a aquel; efecto suspensivo que generalmente se produce en las situaciones de prejudicialidad.** Solución respaldada por lo establecido con carácter específico en los arts. 40 y 41 del Estatuto de los Trabajadores y 138.4 de la LRJS.

6. Proceso urgente y de tramitación preferente

El procedimiento será urgente y se le dará tramitación preferente. El acto de la vista habrá de señalarse dentro de los cinco días siguientes al de la admisión de la demanda. No obstante, este plazo no se exigirá si se solicita informe a la Inspección de Trabajo y Seguridad Social (art. 138.5 de la LRJS).

7. Acumulación de acciones

Se podrán acumular en una misma demanda acciones de modificaciones sustanciales de condiciones de trabajo por parte de distintos actores contra un mismo demandado siempre que deriven de los mismos hechos o de una misma decisión empresarial (art. 26.8 de la LRJS, con efectos de 20/03/2024).

8. La sentencia

La sentencia deberá dictarse en el **plazo de cinco días y será inmediatamente ejecutiva.**

Declarará justificada o injustificada la decisión empresarial, según hayan quedado acreditadas o no, respecto de los trabajadores afectados, las razones invocadas por la empresa:

- La sentencia que declare justificada la decisión empresarial reconocerá el derecho del trabajador (en el plazo de quince días) a extinguir el contrato de trabajo en los supuestos previstos en el arts. 40.1 y 41.3 del ET.

- La sentencia que declare injustificada la medida reconocerá el derecho del trabajador a ser repuesto en sus anteriores condiciones de trabajo, así como al abono de los daños y perjuicios que la decisión empresarial hubiera podido ocasionar durante el tiempo en que ha producido efectos.

9. Posible recurso contra la sentencia sobre MSCT

Contra la sentencia no procederá ulterior recurso, salvo en los supuestos de:

- Movilidad geográfica (art. 40.2 del ET).

- Modificaciones sustanciales de condiciones de trabajo cuando tengan carácter colectivo (art. 41.4 del ET).

- Suspensiones y reducciones de jornada (art. 47 del ET) que afecten a un número de trabajadores igual o superior a los umbrales previstos para el despido colectivo por el art. 51.1 del Estatuto de los Trabajadores.

JURISPRUDENCIA

STS n.º 556/2023, de 14 de septiembre del 2023, ECLI:ES:TS:2023:3808

Las sentencias sobre modificación sustancial de condiciones de trabajo no son recurribles en suplicación. Mediante este fallo el TS revisa su criterio y restringe la posibilidad de recurrir en suplicación las sentencias de MSCT, incluso cuando la cuantía excede los 3.000 euros.

Según el Supremo, «(...) el principio pro actione no opera con igual intensidad en el acceso al recurso que en el acceso a la jurisdicción (STC 37/1995), pues el acceso a los recursos sólo surge de las leyes procesales que regulan dichos medios de impugnación (SSTC 211/1996 y 258/2000)».

Ello quiere decir que «(...) la interpretación amplia o flexible de las normas procesales, usualmente reclamada por la necesidad de dispensar adecuada tutela judicial efectiva a quienes litigan no puede trasladarse, sin más, a las exigencias para acceder a un recurso extraordinario, como es el de suplicación. La razón de ello es que está en juego la tutela judicial a la parte que ha obtenido ya una respuesta judicial satisfactoria y desea que la misma alcance firmeza lo más pronto posible».

«El artículo 138.6 LRJS, como hemos visto, establece una regla general (que contra la sentencia no procederá ulterior recurso) y varias excepciones (supuestos en los que sí se admite la suplicación. Las tres excepciones establecidas omiten cualquier referencia a supuestos como el presente (MSCT de carácter no colectivo).

Por tanto, el silencio, y la interpretación contrario sensu, abocan a considerar que si no se ha incluido determinada hipótesis es porque la LRJS ha querido que juegue la regla general».

10. Ejecución del fallo ante el juzgado de lo social

Cuando el empresario no procediere a reintegrar al trabajador en sus anteriores condiciones de trabajo o lo hiciere de modo irregular, el trabajador podrá solicitar la ejecución del fallo ante el juzgado de lo social y la extinción del contrato por causa de lo previsto en el art. 50.1.c) del Estatuto de los Trabajadores, conforme a lo establecido en los arts. 279-281 de la LRJS.

JURISPRUDENCIA

STS n.º 30/2017, de 12 de enero de 2017, ECLI:ES:TS:2017:806

«El recurso insiste en que la Fundación no cumplió con las exigencias procedimentales del art. 41 ET y que, por tanto, es inaplicable el plazo de caducidad para su impugnación. A este respecto, sin embargo, hemos de recordar nuestra ya expuesta doctrina: Tras la entrada en vigor de la LRJS el controvertido plazo de veinte días de caducidad para la impugnación de MSCT es aplicable en todo caso, aun cuando no se haya seguido el trámite del art. 41 ET. Por consiguiente resulta baladí cualquier argumentación sobre el grado de cumplimiento del procedimiento que marca el citado precepto legal, ya que, con independencia de la mayor o menor acomodación a las exigencias del previo periodo de consultas, lo cierto es que la acción que se ejercitaba en la demanda».

RESOLUCIÓN RELEVANTE

STSJ de Cataluña n.º 1959/2017, de 20 de marzo de 2017, ECLI:ES:TSJCAT:2017:2008

«(...) hacer referencia a otros pronunciamientos de esta Sala en los que entendimos que el día de la comunicación escrita al trabajador de la modificación abría el cómputo del plazo del artículo 138.1 Ley Reguladora de la Jurisdicción Social , con independencia de que el empresario no siguiera las formalidades del artículo 41 del Estatuto de los Trabajadores , entre otras, sentencia de 27 de junio de 2016 (Recurso: 2818/2016), 31 de mayo de 2016 (R. 1531/2016) y de 01 de marzo de 2016 (Recurso: 5019/2015)».

3.3. Reclamación de daños y perjuicios por modificación sustancial en las condiciones de trabajo

La normativa laboral no contempla expresamente la posibilidad de reclamación de la indemnización de daños y perjuicios ante modificaciones sustanciales de las condiciones de trabajo de carácter colectivo. No obstante, ha de tenerse en cuenta que si una sentencia judicial declara la ilegalidad de la orden modificativa estableciendo la reposición del trabajador a las condiciones laborales anteriores, por lo que el trabajador afectado ha estado obedeciendo la decisión empresarial durante el desarrollo del proceso judicial. Es decir, durante cierto período de tiempo se han soportado injustamente ciertos daños y perjuicios al pacto contractual que justifican la existencia de una reclamación indemnizatoria (art. 1101 de Código Civil).

Distintos tribunales superiores de justicia han estudiado la posibilidad de reclamar indemnizaciones por daños y perjuicios sin solicitar la resolución del contrato (art. 1101 de Código Civil) en el supuesto en que un empresario imponga *contra legem* una modificación sustancial de condiciones de trabajo.

Extendiendo el alcance de esta indemnización tanto a las consecuencias negativas de la orden empresarial como en lo que suponen de lucro cesante (art. 30 de ET) como de daño emergente o, en caso de exclusión indebida de las negociaciones necesarias, a los sindicatos:

- **STS, rec. 251/2008, a 16 de enero de 2009, ECLI:ES:TS:2009:172.** Se declara la compatibilidad de la reclamación de las diferencias salariales durante el periodo de modificación de condiciones de trabajo con la indemnización reconocida por la resolución del contrato posteriormente.

- **STS, rec. 3326/2006, de 20 de septiembre de 2007, ECLI:ES:TS:2007:6575.** Considera que el daño a resarcir no es uno sólo, sino que son dos:

  - La pérdida del empleo, que ha de atribuirse al incumplimiento empresarial legitimador de la acción rescisoria y que tiene una indemnización legalmente tasada, prevista en el art. 50 del Estatuto de los Trabajadores.

  - El daño moral que ha de producir —en términos generales— esa conculcación del derecho fundamental y que forzosamente ha de imputarse al infractor, a quien —además— le es exigible por tal consecuencia la indemnización prevista en el art. 1101 del Código Civil.

- **SAN n.º 75/2020, 28 de septiembre de 2020, ECLI:ES:AN:2020:2494.** La exclusión de un sindicato de las negociaciones de un MSCT colectiva, constituye un indicio de vulneración de su derecho a la libertad sindical en su vertiente funcional a la negociación colectiva sin que se haya aportado por los demandados, una justificación objetiva y razonable, suficientemente probada, de las medidas adoptadas y de su proporcionalidad, por lo que procede declarar la nulidad de la medida impugnada, de conformidad con lo dispuesto en el art. 138.7 de la LRJS con reposición de los trabajadores afectados en las mismas condiciones que tenían con anterioridad a la implantación del nuevo acuerdo organizativo. Se condena a la empresa al abono de una indemnización en concepto de tutela reparadora por los daños y perjuicios causados al sindicato y a los trabajadores que representa

- **STSJ Cataluña, rec. 2436/2009, 29 de octubre de 2.009, ECLI:ES:TSJCAT:2009:12327.** Se cuestiona si se ha producido una conducta empresarial que atente a la dignidad moral y profesional del trabajador que justifique la extinción de la relación laboral instada por el trabajador.

- **STSJ del País Vasco, rec. 941/1999, de 20 de julio de 1999, ECLI:ES:TSJPV:1999:3642.** Estudia el prejuicio causado por la obtención de ingresos inferiores a los iniciales, como consecuencia del cambio ilícito de condiciones

- STSJ Cataluña, rec. 4274/2007, de 24 de octubre de 2008, ECLI:ES:TSJCAT:2008:11780. Tras declarase nula o subsidiariamente injustificada la modificación sustancial de condiciones de trabajo impuesta por la empresa, así como su derecho a ser repuesto en las anteriores condiciones de trabajo, se solicita indemnización de daños y perjuicios. El TSJ estudia la reclamación del trabajador *«por el desembolso realizado como gasto de inscripción en un curso que no pudo realizar y el perjuicio producido, al haber visto cercenado su derecho a formarse profesionalmente, que generaría nuevas».*

CUESTIÓN

¿Cómo se determinará la indemnización por daños y perjuicios en caso de MSCT declarada nula? ¿corresponde en caso de optar por la extinción indemnizada del contrato?

Debido a la ausencia de perjuicios materiales objetivables determinar el *quantum indemnizatorio* de la indemnización por daños y perjuicios presenta cierta dificultad.

El art. 41.3.3º del Estatuto de los Trabajadores y el art. 138 de la LRJS se limitan a autorizar la impugnación de la decisión modificativa del empresario, pero no contienen ninguna limitación en relación a la reparación del daño producido por el incumplimiento.

Extinción del contrato y solicitud de daños y perjuicios, en principio, es posible. El único precepto del que podría derivarse un posible incompatibilidad es el art. 1124 de Código Civil, cuando prevé que el perjudicado por el incumplimiento de la otra parte podrá escoger entre exigir el cumplimiento o la resolución de la obligación» con el resarcimiento de daños, añadiendo luego que «también podrá pedir la resolución, aun después de haber optado por el cumplimiento, cuando éste resultare imposible».

4.
ANÁLISIS JURISPRUDENCIAL DE SUPUESTOS DE MODIFICACIONES SUSTANCIALES

Como hemos desarrollado a lo largo de la obra, la modificación de las condiciones laborales que aparecen enumeradas en el art. 41 del ET no acarrea irreversiblemente su consideración como sustancial, pues ello dependerá de la intensidad del cambio producido y de su proyección temporal. Es decir, no toda modificación realizada en cualquiera de las materias relacionadas en la citada lista merece necesariamente la consideración de sustancial, ya que la calificación de sustancial debe aplicarse a la modificación y no a la condición de trabajo.

La aplicación del art. 41 del ET se reserva para los supuestos en que el empresario introduce modificaciones sustanciales en las condiciones de trabajo de sus empleados, entendiéndose por tales las que sean de tal naturaleza que alteren y transformen los aspectos fundamentales de la relación laboral. Debe tenerse en cuenta (reiteramos) que *«la calificación de sustanciales de las modificaciones contractuales constituye un concepto jurídico indeterminado cuya precisa delimitación no está exenta de polémica»*, como dijera la STS, rec. 183/2004, 10 de octubre de 2005, ECLI:ES:TS:2005:5990.

Para concluir analizamos una serie de pronunciamientos judiciales asociados a distintos aspectos de las modificaciones sustanciales de las condiciones de trabajo que pueden ser útiles (siempre dentro del contexto enjuiciado en cada caso) para comprender la MSCT y sus principales causas de litigiosidad.

4.1. La causa de la modificación sustancial para los juzgados y tribunales de lo social

a) Jornada de trabajo

STS n.º 156/2021, de 3 de febrero de 2021, ECLI:ES:TS:2021:639

La supresión del servicio de retén no supone un descuelgue que debe de tramitarse conforme al procedimiento del art. 82.3 del ET. El procedimiento de MSCT del art. 41 del ET, terminado por acuerdo, es adecuado.

SAN n.º 135/2017, de 29 de septiembre de 2017, ECLI:ES:AN:2017:3728

La transformación del horario continuado de 91 trabajadores que prestaban servicios a turno continuado, en horario partido implica una MSCT, pues la empresa no está facultada para ello ni convencional ni contractualmente, e incide sobre aspectos esenciales de la relación laboral.

No habiendo seguido el procedimiento del art. 41.4 E.T procede decretar la nulidad de las modificaciones operadas.

STSJ de Cantabria n.º 624/2021, de 4 de octubre de 2021, ECLI:ES:TSJCANT:2021:585

El TSJ de Cantabria entiende que una reducción de jornada que alcanza un porcentaje superior al 20% —y que supone la correlativa reducción salarial— constituye una modificación sustancial de las condiciones de trabajo.

STS, rec. 104/2019, de 13 de enero de 2021, ECLI:ES:TS:2021:29

La empresa no puede inaplicar unilateralmente el calendario de vacaciones establecido en convenio colectivo estatutario. Ha de seguir para ello el procedimiento de descuelgue del art. 82.3 ET.

STS, rec. 971/2017, de 29 de noviembre de 2017, ECLI:ES:TS:2017:4720

Un cambio en el sistema de preventa (rutas comerciales) y en la segmentación de clientes atendidos por cada empleado no implica necesariamente la MSCT, sino que debe examinarse lo realmente ocurrido.

STSJ de Galicia, rec. 4930/2002, de 28 de noviembre de 2002, ECLI:ES:TSJGAL:2002:7195

La reducción de jornada efectuada por una empresa de limpieza a sus trabajadores por reducción de las contratas: *«(...) pues la reducción de jornada impone accionar por modificación sustancial de las condiciones de trabajo cuando aquella se produce por imperativo del artículo 41 ET, pero no cuando, como ahora, se prestan servicios en diferentes contratas para una o varias empresas y esas contratas están sometidas a la cláusula de subrogación o adscripción del personal, de modo que su incumplimiento por la nueva empresa adjudicataria genera un despido, que toma por base el salario y el tiempo de servicios en la contrata en cuestión, de ahí que, al estar en presencia de un despido y no de una modificación sustancial de las condiciones laborales, el cómputo del plazo para accionar no sea el día en que se le comunicó la reducción de jornada sino el siguiente, cuando comprueba la identidad y la prestación del servicio por otra empresa».*

b) Sistema de remuneración y cuantía salarial

STS, rec. 121/2019, de 9 de diciembre de 2020, ECLI:ES:TS:2020:4229

Supresión del plus transporte e incremento del salario base:

> *«(...) no sea posible la compensación y absorción efectuada por la empresa y defendida en el recurso ya que opera sobre conceptos heterogéneos, uno de los cuales -el plus transporte- dado su carácter extrasalarial es inabsorbible*

por su propia naturaleza ya que remunera un gasto efectuado por el trabajador. Lo que ha ocurrido en este caso, es que la empresa, al objeto de no incrementar el coste por el incremento salario base hasta el umbral exigido por el nuevo SMI para 2019, ha detraído tal incremento del concepto plus transporte. Con ello ha alterado la estructura salarial vigente y ha provocado en la práctica una modificación sustancial de condiciones de trabajo, sin seguir las exigencias causales y de procedimiento establecidas en el artículo 41 ET».

STS n.º 443/2024, de 7 de marzo de 2024, ECLI:ES:TS:2024:1514

La alteración de los procedimientos sobre gestión de desempeño es una modificación sustancial colectiva porque afecta a la generalidad de la plantilla e incide sobre el sistema de trabajo y remuneración. La empresa no ha acreditado que tales medidas sirvan para paliar las deficiencias a nivel productivo, técnico, organizativo o económico.

STS, rec. 1281/1997, de 11 de diciembre de 1997, ECLI:ES:TS:1997:7549

No se considera MSCT la alteración del sistema de pago con tarjeta para descuentos del 5% en compras

STS, rec. 81/2021, de 18 de noviembre 2021, ECLI:ES:TS:2021:433

Se considera una modificación sustancial unilateral de las condiciones de trabajo la supresión de los tickets restaurantes otorgados durante la situación de confinamiento derivado de la crisis sanitaria COVID-19.

STS, rec. 176/2018, de 28 de enero de 2020, ECLI:ES:TS:2020:298

Se considera modificación sustancial de las condiciones de trabajo la eliminación de un complemento denominado «Campaña de Navidad» de naturaleza colectiva acordada unilateralmente por la empresa. Necesidad de acudir a los trámites del art. 41 del ET.

STS, rec. 246/2015, de 12 de septiembre de 2016, ECLI:ES:TS:2016:4782

Cambio en el sistema de abono de dietas.

> «No es admisible que una empresa altere la forma de compensar los gastos que su plantilla debe afrontar como consecuencia de los desplazamientos laborales y que descartemos la entrada en juego del régimen de la MSCT por el hecho de que se trate de compensar gastos y de prestaciones no salariales. Como ya dijera la STS 27 junio 2005 (rec. 9 4 /2004) nada impide que conceptos extrasalariales sean objeto de tales cambios que caigan dentro del régimen del artículo 41 ET:
> El primer pilar argumental de la sentencia, por tanto, ha de eliminarse. El carácter extra salarial de la dieta en modo alguno descarta que los cambios introducidos respecto de su alcance hayan de tramitarse con arreglo al art. 41 ET y ajustarse a sus exigencias causales».

STS n.º 354/2021, de 26 de marzo, ECLI:ES:TS:2021:1273

Se considera modificación sustancial de condiciones de trabajo la alteración del sistema de cálculo de incentivos.

c) Horario y distribución del tiempo de trabajo

STS n.º 161/2023 , de 22 de febrero de 2023, ECLI:ES:TS:2023:703

Se cuestiona si mediante un instrumento del registro de jornada se puede revisar su cómputo y las HHEE: no se aprecia MSCT colectiva.

STS, rec. 148/2021, de 11 de enero de 2023, ECLI:ES:TS:2023:69

No constituye MSCT la MSCT realizada sobre jornada diaria de siete horas y media del personal a consecuencia del COVID-19.

STS, rec. 4621/1997, 26 de junio de 1998, ECLI:ES:TS:1998:4294

«(...) la decisión de la empresa de establecer el horario de trabajo impugnado, además de responder a la obligación de negociar un nuevo calendario laboral impuesta por el artículo 7 del Convenio Colectivo, cumple también con los requisitos establecidos en el artículo 41 del Estatuto de los Trabajadores, pues: 1) están probadas razones organizativas para acordar dicho horario, dada la necesidad de trasladar las horas que se dejan de realizar en los sábados, al resto de los días de la semana: 2) la decisión fue precedida de un periodo de consultas con los representantes legales de los trabajadores, durante un periodo no inferior a quince días, -se iniciaron el 6 de Febrero de 1997, concediéndose las partes en dicha reunión, un margen de quince días para seguir reflexionando, se lleva a cabo una nueva reunión el 20 de Febrero de 1997, en la que tampoco se logra acuerdo, y se celebra una última reunión el día 1 de Abril siguiente en donde las partes insisten en sus argumentaciones y, al constatar que no se llega a ningún acuerdo, por lo que la representación de la empresa manifiesta que comunicará su decisión-; 3) la empresa ante la falta de acuerdo notifica a los trabajadores y a sus representantes el nuevo calendario laboral; y 4) las partes negociaron con buena fe con vistas a la consecución del acuerdo, como lo prueba por ejemplo, la reunión del día 6 de Febrero de 1997 en donde la empresa propone, que "se trabaje cada día, excepto los miércoles, una hora más cuando hay más afluencia del público; para el turno de tarde (sic), esta hora sería de 12 a 13. Para el turno de mañana (sic), dicha hora sería de 18,30 a 19,30", mientras que la representación de los trabajadores, después de manifestar su disconformidad con la anterior propuesta, exponen como suya "trabajar adicionalmente de 18 a 22 horas los lunes el turno de mañana y de 10 a 14 horas el turno de tarde", posiciones que se mantienen a lo largo de las deliberaciones».

STS, rec. 184/2005, de 28 de febrero de 2007, ECLI:ES:TS:2007:2328

Imposición de un horario más gravoso y notoriamente distinto del anterior: *«(...) una modificación horaria como la producida no puede por menos de calificarse de sustancial aplicando tales criterios, pues no cabe duda de que se trata de un horario más gravoso y notoriamente distinto del anterior, en cuanto que se traduce nada menos que en la sustitución de un horario en jornada continuada por un horario en jornada partida con todas las implicaciones que ello puede acarrear en términos de horas ya no de trabajo sino de dedicación del trabajador al servicio de la actividad empresarial».*

STS, rec. 80/2014, de 13 de mayo de 2015, ECLI:ES:TS:2015:2479

No es aplicable la MSCT del art. 41 ET cuando la empleadora traslada a los contratos las previsiones de una norma autonómica que rebajan derechos establecidos en convenio.

d) Sistema de trabajo y rendimiento

STSJ de Galicia n.º 458/2022, de 31 enero de 2022, ECLI: ES:TSJGAL:2022:343

La sentencia considera que la decisión de la empresa de implantar una app en el teléfono móvil de los trabajadores, o en su defecto, exigir el retorno al trabajo presencial, constituye una MSCT no justificada. Se argumenta que, aunque la medida podría ser útil para la seguridad informática, la empresa debería proporcionar los dispositivos móviles necesarios para no afectar los dispositivos personales de los empleados.

STS, rec. 167/2021, de 17 de julio de 2023, ECLI:ES:TS:2023:3391

Constituye MSCT basada en causas económicas la referida a la modificación del sistema de incentivos de productividad.

STS, rec. 42/2004, de 17 de diciembre, ECLI:ES:TS:2004:8211

No constituye MSCT el establecimiento de un nuevo sistema de control horario con flexibilidad de jornada en 30 minutos.

STS, rec. 2183/1997, de 29 de diciembre, ECLI:ES:TS:1997:8029

Constituye MSCT un cambio en el régimen de uso privado del vehículo de la empresa fuera de la jornada laboral.

STS, rec. 2865/1998, de 16 de abril, ECLI:ES:TS:1997:8029

Se anula, por tratarse de una MSCT, la decisión unilateral de la empresa de suprimir el servicio gratuito de autobús para el traslado de los trabajadores.

STS, rec. 141/2005, de 14 de junio de 2006, ECLI:ES:TS:2006:3770

«El motivo debe ser desestimado pero no porque no sea cierto que el cauce procesal empleado -el conflicto colectivo- por la representación unitaria de los trabajadores no deba determinar sin más la competencia del orden social, tal como se desprende de nuestra sentencia de 25 de noviembre de 1994, rec. 3461/93 , que la recurrente invoca, sino porque, en este caso, el objeto del proceso, y así se deduce con toda claridad del contenido de su escrito rector, se refiere a la modificación de las condiciones de trabajo y a la legalidad o no de la decisión tomada en tal sentido por la empleadora. Y como quiera que, según consta en el incombatido ordinal segundo de la declaración de hechos probados, la decisión empresarial modificaba el sistema anterior, en el sentido de que determinadas actividades que antes hacían conjuntamente dos trabajadores, mediante "el concurso y presencia física" de ambos, pasaban a ser realizadas por uno solo de ellos, parece claro que tales alteraciones, en principio, pueden afectar al sistema de trabajo y rendimiento a los que se refiere el art. 41.1.e), repercutiendo muy probablemente en el sistema de retribución variable por producción que, al parecer, porque a él alude de forma expresa la fundamentación jurídica de instancia, rige en la empresa. Estas materias, tal y como señala acertadamente el fundamento jurídico segundo de la sentencia recurrida, deben ser resueltas por el orden jurisdiccional social, de acuerdo con lo establecido en los artículos 1 a 3 de la Ley de Procedimiento Laboral y 9.5 de la Ley Orgánica del Poder Judicial . Las decisiones empresariales que implican o puedan implicar modificación en los sistemas de trabajo y rendimiento, y que a su vez pueden acarrear consecuencias en el sistema retributivo y la realización de una mayor cantidad en la prestación laboral, incluso más gravosa y arriesgada, al ejecutar el mismo trabajo un solo operario, en vez de dos como se venía haciendo hasta entonces, puede constituir, como se decía, la modificación sustancial de las condiciones laborales y esa cuestión debe ser resuelta por el orden social de la jurisdicción».

SAN n.º 160/2012, de 7 de diciembre de 2012, ECLI:ES:AN:2012:5547

Declara justificada una reducción de salarios por encima de convenio, por cuanto se acreditó que la empresa ha sufrido una importante reducción de su facturación, acreditativa de la pérdida de competitividad, que justifica razonablemente la medida.

e) Régimen de trabajo a turnos

STS n.º 812/2017, 17 de octubre de 2017, ECLI:ES:TS:2017:4054

Para el TS, cualquier duda debe de resolverse a favor del trabajador aplicando la máxima *in dubio por operario*. Que la modificación del régimen de trabajo a turnos que incrementa la carga de trabajo en el fin de semana genera por sí mismo un perjuicio efectivo para el trabajador, al identificar las consecuencias desfavorables que esta medida produce al trabajador con las que revisten enjundia porque incide negativamente en su vida familiar y en su propia organización personal, porque se le obliga a trasladar las jornadas de descanso laboral a días entre semana.

STSJ de Cantabria, rec. 212/2005, de 1 de marzo de 2006, ECLI:ES:TSJCANT:2005:723

En el caso resuelto se había planteado demanda de oficio en virtud de expediente sancionador incoado a FEVE, como consecuencia del acta de infracción por MSCT, por la modificación del horario y turno de un operario en relación con los gráficos pactados con la representación de los trabajadores. La citada empresa cambió al trabajador de turno de trabajo los días 4 y 5 de enero de 2003, y los días 15, 16 y 17 de agosto de 2003, pasando esos días de realizar un horario de 06:10 a 14:10 a un horario de 14:00 a 22:00 horas.

La sentencia desestima el recurso de suplicación interpuesto por el Gobierno de Cantabria frente a la sentencia de instancia que desestimó la demanda, por considerar que no hay tal MSCT, ya que se trata de un cambio puntual y entra dentro de la facultad de organización de la empresa, con sometimiento a la norma convencional que le permite realizar tres cambios por turno, trabajador y mes con relación a la jornada y horario prefijados en los gráficos de servicio, sin que la empresa haya sobrepasado ese límite. En consecuencia, se trata de una modificación incluida en el ius variandi empresarial, que se sujeta a los límites cuantitativos y cualitativos prefijados en la norma convencional.

SAN n.º 180/2021, de 27 de julio de 2021, ECLI: ES:AN:2021:3602

Se analiza la actuación unilateral de la empresa denominada *hot desk* o puestos calientes, encuadrada en el procedimiento denominado Smart Job, consistente en la adjudicación del puesto de trabajo a través de solicitud de los trabajadores mediante aplicación informática, obligando a la empresa a ubicar a los trabajadores en sus puestos de trabajo habituales, tal como se realizaba antes de la implantación de la medida referida.

> «(...) no nos encontramos ante una modificación sustancial de condiciones de trabajo de las previstas en el artículo 41 del Estatuto de los Trabajadores y, por ello, sujeta a los trámites de negociación previa contemplados en el citado precepto, entendiendo por el contrato que la actuación empresarial discutida por la parte demandante se ha de encuadrar en el poder directivo del empresario regulado en el artículo 20 ET».

STS, rec. 4642/2019, de 8 de febrero de 2023, ECLI:ES:TS:2023:438

Se considera una modificación de condiciones de trabajo de carácter colectivo (omitiendo los trámites del art. 41 del ET) la consistente en el cambio horario y distribución de jornada que pasa de trabajar de lunes a viernes a hacerlo los fines de semana.

STS, rec.219/2021, de 29 de noviembre de 2022, ECLI:ES:TS:2022:4472

No supone una MSCT colectiva la oferta voluntaria de guardias rotativas a ciertos trabajadores.

f) Funciones, cuando excedan de los límites que para la movilidad funcional del art. 39 del ET

STS, rec. 2076/2005, de 26 de abril de 2006, ECLI:ES:TS:2006:3095

No supone una MSCT el cambio de centro de trabajo sin cambio de residencia. No la integra la movilidad geográfica a centro de trabajo sito a 13,4 Km, al no comportar cambio de residencia.

STS, rec. 1394/1994, de 6 de febrero, ECLI:ES:TS:1995:7584

No supone una , con asignación de funciones propias de la categoría ostentada, sino movilidad funcional, siendo aplicable el art. 39 ET y no el 41 del mismo cuerpo legal.

g) Posibilidad de eliminar una condición más beneficiosa (CMB)

La figura o principio de la condición más beneficiosa alude a la técnica conforme a la cual la empresa ha de respetar las ventajas que el trabajador disfrute por concesión unilateral o pacto individual, sin que puedan ser reducidas o socavadas por decisiones o normas anteriores a su efectiva incorporación al nexo obligacional.

Conforme a doctrina jurisprudencial consolidada, la condición más beneficiosa no puede confundirse con las situaciones de mera tolerancia o liberalidad empresarial, por muy duraderas que éstas se presenten en el tiempo. Para que el beneficio ingrese en el patrimonio jurídico del trabajador no basta la persistencia o repetición en su disfrute; lo preciso es que la ventaja concedida responde inequívocamente a la voluntad empresarial de mejorar lo dispuesto en las normas legales o convencionales. Lo fundamental, en definitiva, para que surja una condición más beneficiosa es que la ventaja que se conceda se haya incorporado al nexo contractual en virtud de un acto de voluntad constitutivo de una concesión o reconocimiento de un derecho, que cualquiera que sea el título originario de la concesión constituya un derecho adquirido y no un mero uso de empresa. Asimismo, hemos de indicar que sobre la empresa pesa la carga de la prueba en orden a la demostración de que sólo ha existido una mera tolerancia, pues de lo contrario debe seguir jugando la regla habitual conforme a la cual aquellas condiciones inicialmente procedentes de una concesión unilateral y voluntaria que se reiteran acaban incorporándose al contrato y transformándose en obligatorias para el empresario. (STSJ de Andalucía, rec. 862/2019, de 2 de octubre de 2019, ECLI:ES:TSJAND:2019:13221).

Son muy abundantes los fallos judiciales en los que se mantiene la existencia de una condición más beneficiosa, y que, al no seguirse los procedimientos y requisitos de la modificación sustancial de condiciones de trabajo, deben dejarse sin efecto. Por lo general, en estos casos se analiza la existencia de la condición más beneficiosa suprimida unilateralmente sin acudir al procedimiento del art. 41 del ET.

STS n.º 465/2024, de 13 de noviembre de 2024, ECLI:ES:TS:2024:1636

Se analiza si la decisión unilateral por parte de la empresa consistente en delimitar el periodo de disfrute de las vacaciones anuales en su año correspondiente, excluyendo la semana de Reyes del año siguiente, es una modificación sustancial de condiciones de trabajo de conformidad con el art. 41 ET.

El Alto Tribunal confirma la decisión de la Audiencia Nacional (AN) y declara nula la modificación de la normativa de vacaciones que eliminaba la semana de Reyes del año siguiente como periodo general de disfrute. Esta práctica, permitida consistentemente por la empresa, se había convertido en un derecho adquirido para los trabajadores según el convenio colectivo aplicable.

STS n.º 324/2019, de 25 de abril de 2019, ECLI:ES:TS:2019:1638

Se considera necesario acudir al procedimiento de MSCT para **eliminar una condición más beneficiosa** de carácter colectivo.

> «(...) teniendo en cuenta que las condiciones contractuales, por vía de repetición se han incorporado al contrato de trabajo, se convierten en obligatorias para el empresario; y aunque -como queda dicho-, el Convenio Colectivo se refiera a la subvención por transporte en cuantía fija, las partes modificaron el contenido de la norma pactando unas condiciones diferentes que incorporaron al contrato de trabajo, y éstas se configuran como una condición más beneficiosa, de carácter colectivo, que por su origen contractual está sujeta a la vía modificativa del art. 41 ET , en los términos que en el precepto se establecen, que no han sido observados por la empresa, por lo que la modificación necesariamente había de calificarse como nula con fundamento en el art. 138.7 LRJS».

STS n.º 765/2021, de 7 de julio de 2021, ECLI:ES:TS:2021:3236

La **supresión de la cena de navidad** se considera una MSCT. La entrega de lotería, junto con un vale descuento, para sustituir la cena de Navidad que viene celebrándose desde hace más de 30 años es una condición más beneficiosa, y debe suprimirse por los cauces de la MSCT.

STS n.º 271/2022, de 29 de marzo de 2022, ECLI:ES:TS:2022:1375

En el seno de la modalidad procesal de conflicto colectivo se debate sobre la validez de la **decisión unilateral de la empresa por la que deja de permitirse el disfrute de las 35 horas anuales de permiso por asistencia a consulta médica, previstas por el convenio sectorial (Contact Center), en supuestos adicionales a los tipificados normativamente**. El TS declara nula la decisión al tratarse de una MSCT

> «El examen de cuanto se expresa en los hechos probados ha desembocado en la conclusión de que las empresas demandadas has venido reconociendo de forma tácita el derecho de quienes en ellas trabajan a imputar los reposos domiciliarios prescritos por facultativo al efecto, ya fueran propios o de familiares, a las 35 horas que el Convenio sectorial reconoce para asistencia a consultas médicas.
>
> A partir de ahí, la decisión empresarial no puede considerarse válida toda vez que ha obviado los cauces exigidos por el artículo 41ET. En los hechos probados decimotercero y decimocuarto así se constata, además de que el recurso en modo alguno pretende lo contrario.
>
> En consecuencia, la segunda premisa de nuestra decisión deriva directamente del tenor del expuesto artículo 138.7.IV LRJS: es nula la decisión empresarial de MSCT que se adopta 'eludiendo las normas relativas al periodo de consultas'.»

STS, rec. 30/2008, de 13 de julio de 2009, ECLI:ES:TS:2009:5362

Se considera MSCT sobre una condición más beneficiosa el abono a determinado grupo de trabajadores de las pagas extraordinarias anuales, sin descuento alguno, por los períodos de IT.

STS, rec. 423/2024, de 6 de marzo de 2024, ECLI:ES:TS:2024:1350

Personal a turnos que no recuperaba los puentes anuales y calendario laboral que amplía la jornada en 6 minutos para el año 2021: No existe modificación sustancial de condiciones de trabajo porque la medida sobre jornada impuesta trae causa de la D.A. 144.ª de la Ley 6/2018, de Presupuestos del Estado, para el año 2018, que impone una jornada en el sector público de 37 horas y media semanales, pese a que se incumpliera hasta el año 2021. Requisitos para la condición más beneficiosa en el ámbito de las administraciones públicas aplicables a las sociedades mercantiles estatales.

STS n.º 994/2023, de 22 de noviembre 2023, ECLI:ES:TS:2023:5

Se trata de decidir si los trabajadores han ganado la condición más beneficiosa consistente en adelantar a las 12.30 la finalización de la jornada de trabajo los días 24 y 31 de diciembre (aplicada durante 20 años).

> «De ello se desprende la tácita voluntad de la empresa de conceder ese derecho a los trabajadores de las oficinas, admitiendo y permitiendo su ejercicio durante más de 20 años como se ha declarado probado.
>
> En todo ese tiempo no consta la existencia de ninguna clase de nota interna, correo electrónico o comunicación por parte de la empresa con los directores de las oficinas poniendo fin a esa práctica de los trabajadores.
>
> Por el contrario, descartado que la dirección de la empresa pudiere desconocerla, de todo ello se evidencia el reconocimiento del derecho a anticipar el cese de la jornada en esas dos concretas fechas, existiendo de esta forma una condición más beneficiosa de carácter colectivo cuya supresión por la empresa hubiere exigido acudir a los trámites del art. 41 ET para la modificación sustancial de condiciones de trabajo».

STS, rec. 120/2019, de 29 de marzo de 2022, ECLI:ES:TS:2022:1375

Se considera condición más beneficiosa , y por lo tanto seguir el procedimiento de MSCT para su eliminación, el permiso de 35 horas anuales para asistir a consulta médica con hijo menor o ascendiente mayor de 65 años.

h) Cambio de convenio aplicable mediante MSCT

STS, rec. 30/2020, de 8 de junio de 2021, ECLI:ES:TS:2021:2677

Tras subrogarse en diversas contratas, la empresa, mediante el procedimiento de modificación sustancial de condiciones de trabajo (MSCT), adopta el acuerdo de cambiar los convenios colectivos que venían aplicándose tradicionalmente, sin alegar causa especial a tal efecto.

> «A) El procedimiento de MSCT seguido por la empresa es el adecuado para proceder a un cambio de aplicación del convenio colectivo.
>
> B) Para imponer una MSCT la empresa necesita acreditar las causas de que habla el artículo 41.1 ET.
>
> C) La empresa no posee la facultad discrecional de alterar sustancialmente las condiciones de trabajo, sino que ha de estar amparada por las causas que el art. 41 expone.

D) El acuerdo de MSCT se suscribe en fraude de ley, porque no obedece a causa alguna más allá de la indicación de que el ahora aplicado es el que mejor cuadra a la actividad desarrollada. Adicionalmente, tampoco queda acreditada cuál sea la actividad principal de la empresa.

E) El artículo 41.4 ET tasa los motivos por los que cabe impugnar una MSCT pactada; que la empresa no haya aportado causa alguna al proceso de negociación aboca a que deba entenderse existente un fraude de ley en la conclusión del acuerdo.

F) Adicionalmente, las exigencias de la subrogación impiden llevar a cabo ese cambio, incluso si la nueva contratista estuviera aplicando un convenio colectivo diverso.

G) Alcanzada esa conclusión, resulta innecesario examinar si la composición de la comisión negociadora era adecuada o si el convenio nuevo contempla en su ámbito aplicativo las tareas desarrolladas».

STS, rec. 91/2009, de 1 julio 2010, ECLI:ES:TS:2010:4390

Aborda el problema de si la empresa tenía potestad para modificar unilateralmente —como hizo— los convenios del metal que venía aplicando desde siempre, sustituyéndolos por el convenio de Ingeniería y Estudios Técnicos, sin previa negociación y acuerdo con los representantes de los trabajadores o en su defecto, sin acudir al procedimiento de modificación de condiciones sustanciales colectivas regulado en el artículo 41.4 del Estatuto de los Trabajadores, la empresa no puede modificar, sustituyendo de forma súbita, la normativa convencional que, desde siempre y pacíficamente, venía aplicando a sus trabajadores, por otra cuyo ámbito convencional no está acreditado coincida con su actividad preponderante.

STS n.º 716/2016 de 12 septiembre, ECLI:ES:TS:2016:4396

Sienta la doctrina de que la transmisión de empresa no puede servir para modificar desfavorablemente las condiciones contractuales de los trabajadores afectados por la subrogación, cuestión distinta es que, una vez consumada la transmisión, tanto la empresa cedente como la cesionaria puedan iniciar con los representantes de los trabajadores un procedimiento de modificación de condiciones, al amparo del art. 41 del ET, si se dan las condiciones legales requeridas para ello.

4.2. El análisis del procedimiento para la modificación sustancial para los juzgados y tribunales de lo social

a) Prueba de la necesidad de MSCT

STS n.º 443/2024, de 7 de marzo de 2024, ECLI:ES:TS:2024:1514 y STS, rec. 2265/2013, de 10 de diciembre de 2014, ECLI:ES:TS:2014:5748

En el supuesto analizado el TS entiende que la empresa no ha acreditado el vínculo entre las causas alegadas y las medidas propuestas. Es decir, la «razonable adecuación» entre la causa y la MSCT.

La sala comparte, así, la conclusión alcanzada por la sentencia recurrida, al no haber quedado acreditado cómo la medida puede servir para afrontar el contexto en el que se desenvuelve la actividad empresarial.

«Pero deducir de tal disminución en el número de llamadas, por relevante que fuera, que ese simple dato constituye una causa económica relacionada con la competitividad, que es a lo que ciertamente alude el art. 41.1 ET , cuando no consta acreditada (ni siquiera indiciariamente, y más allá de los genéricos parámetros establecidos en el pliego de condiciones particulares del que da cuenta el ordinal 2º de los hechos probados) la repercusión económica real que, sobre los márgenes de ganancia o de menor beneficio empresarial, pudiera tener la tan repetida disminución en el número de llamadas, sería tanto como suprimir la necesidad de demostrar el presupuesto sobre el que descansa la posibilidad de modificar condiciones sustanciales del contrato de trabajo.

Y si ninguna vinculación directa con la disminución del número de llamadas tiene el intento de supresión del complemento de IT, menos aún la tiene la desaparición de un plus que parece obedecer a la realización del trabajo en unos días habitualmente de asueto.

Tiene razón por tanto el Ministerio Fiscal cuando concluye, al hilo de nuestra ya citada sentencia del 27 de enero de 2014 , "que la eliminación de los pluses no contribuye directamente a lo pretendido por la empresa, máxime cuando el menor número de llamadas ya ha dado lugar a la oportuna reorganización del servicio (...)"».

STS, rec. 197/2010, de 16 de mayo de 2011, ECLI:ES:TS:2011:3647

«La interpretación literal del precepto reproducido [art. 41 ET] inclina a pensar que no es la «crisis» empresarial sino la «mejora» de la situación de la empresa la vara de medir o punto de referencia de la justificación de las razones o causas en que se ha de apoyar la decisión empresarial modificativa de condiciones de trabajo. Se trata únicamente de que tal decisión, mediante una más adecuada organización de los recursos, favorezca la posición competitiva de la empresa, o la eficacia del servicio prestado por la misma, o una y otra cosa a la vez, sin que haya de acreditarse la superación de vicisitudes negativas. Esta conclusión, que se desprende de la utilización del canon de la interpretación literal, se confirma mediante la comparación de lo que ordena el art. 41 del ET con lo que mandan los artículos 51 y 52.c del propio ET para el despido colectivo y para el despido objetivo por necesidades de la empresa. Estos preceptos sí establecen una referencia mucho más estricta y limitada para considerar razonables las causas de estos dos supuestos legales de despidos económicos, imponiendo de manera expresa que las respectivas decisiones empresariales de despedir contribuyan a objetivos más exigentes; a saber, bien a «superar una situación económica negativa de la empresa» (art. 51, para las causas económicas en sentido estricto de los despidos colectivos), bien a «garantizar la viabilidad futura de la empresa y del empleo en la misma» (art. 51, para las causas técnicas, organizativas y de producción de los despidos colectivos), bien a la «superación de situaciones económicas negativas» (art. 52.c., para las causas económicas en sentido estricto de los despidos objetivos por necesidades de la empresa), bien a «superar las dificultades que impidan el buen funcionamiento de la empresa» (art. 52.c., para las causas técnicas, organizativas y de producción de los despidos colectivos), bien a la «superación de situaciones económicas negativas» (art. 52.c., para las causas económicas en sentido estricto de los despidos objetivos por necesidades de la empresa), bien a «superar las dificultades que impidan el buen funcionamiento de la empresa» (art. 52.c., para las causas técnicas, organizativas y de producción de los despidos objetivos por necesidades de la empresa)».

STS, rec. 236/2011, de 16 de noviembre de 2012, ECLI:ES:TS:2012:7790

«La justificación del distinto alcance y contenido de las causas o razones justificativas de los despidos económicos y de las modificaciones sustanciales de condiciones de trabajo desvelada por la interpretación literal y por la interpretación sistemática de los preceptos legales respectivos se pone de manifiesto también en la aplicación del canon de la interpretación finalista. La razón sustantiva de un tratamiento legal diferente de las decisiones modificativas y extintivas radica en que los intereses en juego no son los mismos cuando la decisión empresarial supone la pérdida del empleo («flexibilidad externa» o «adaptación de la plantilla») que cuando significa un mero cambio en el modo o en las circunstancias de ejecución del trabajo («flexibilidad interna» o «adaptación de condiciones de trabajo»). La distinta valoración o ponderación de estos intereses explica que la facultad de gestionar con flexibilidad interna la organización del trabajo, que es manifestación de la «libertad de empresa» y de la «defensa de la productividad» reconocidas en el art. 38 de la Constitución , se atribuya al empresario con márgenes más holgados que la facultad de flexibilidad externa o de «reestructuración de la plantilla», la cual ha de encontrar un punto adecuado de equilibrio entre la «libertad de empresa» y el «derecho al trabajo» de los trabajadores despedidos reconocido en el art. 35 del propio texto constitucional».

STS, rec. 100/13, de 27 de enero de 2014, ECLI:ES:TS:2014:599

Corresponde a los tribunales laborales emitir un juicio, no sólo sobre la existencia y legalidad de la causa alegada, sino también acerca de la razonable adecuación entre la causa acreditada y la acordada modificación sustancial, rechazando la posibilidad de que la medida empresarial que decida modificaciones de condiciones retributivas pueda alcanzar a objetivos futuros marcados unilateralmente por la propia empleadora.

b) Posibilidad de negociación directa de MSCT de carácter colectivo entre el empresario y la plantilla

STS n.º 706/2019, de 10 de octubre de 2019, ECLI:ES:TS:2019:3652

El TS válida negociación de modificación sustancial de condiciones de trabajo de carácter colectivo directamente con la plantilla en empresa sin representantes legales de los trabajadores. Es válida la negociación con la totalidad de la plantilla, que voluntariamente opta por no designar la comisión representativa *ad hoc* del art. 41.4 del ET. Los trabajadores no actúan en la negociación a título individual, sino con carácter colectivo en los mismos términos y en sustitución de aquella comisión. Al acuerdo así alcanzado con la empresa por mayoría, se le debe atribuir la misma eficacia prevista para el que pudiere haberse conseguido con dicha comisión. (Se aplica STS, rec. 287/2014, de 23 de marzo de 2015, ECLI:TS:2015:1912).

c) Información adecuada a los representantes de los trabajadores durante el periodo de consultas

STS n.º 512/2023, de 17 de julio del 2023, ECLI:ES:TS:2023:3391

MSCT colectiva: documentación exigible para acreditar su causa. A pesar de aportar toda la documentación que se relaciona, se considera fundamental la falta de aportación de las cuentas del año 2019 que *«devenía imprescindible para articular una debida negociación en el periodo de consultas»*.

> «En la primera reunión del periodo de consultas el empresario hizo entrega de la documentación allí referida. Destacan: Memoria, Informes económico, organizativo, productivo y técnico, e informe económico de auditor externo, así como las cuentas de la empresa de 2017 y 2018.
>
> El 9-7-2020 se entregó por correo a la RLT diversa documentación en la que destaca informe sobre preferencias horarias
>
> En la segunda reunión la RLT preguntó acerca de trabajadores que han dejado de formar parte de TELECO a lo que el empresario responde que el cambio se hizo el 1-7-2020 con personal que daba servicios a otras empresas del grupo y que no está afectado por la MSCT. Dicho personal, se informa, ha pasado a otra empresa del grupo VERNE SERVICIOS.
>
> Por el empresario se informa a preguntas de la RLT que las cuentas presentadas son de los ejercicios 2017 y 2018.
>
> En la cuarta reunión el empresario indica que está vinculado con el grupo VERNE por una relación mercantil no constituyen grupo laboral
>
> En la quinta reunión la RLT indica que se sigue sin aportar la memoria del Informe de gestión y el de Auditoría, que no tiene suficiente información para determinar si hay causa económica, no se han entregado cuentas del grupo ni costes de estructura, que tampoco están las cuentas de 2019 indicando el empresario que aún no están auditadas debido a la COVID19».

STS, rec. 83/2017, de 26 de junio de 2018, ECLI:ES:TS:2018:2905

Proporción de la información adecuada a los representantes de los trabajadores durante el periodo de consultas:

> «(...) la obligación de facilitar la información adecuada no puede entenderse satisfactoriamente cumplimentada con la mera y simple aportación de una multitud de documentos que carecen de una correcta explicación

de su contenido y de una eficiente exposición de la incidencia que esos datos hayan de tener en las medidas que pretende aplicar la empresa, hasta el punto de hacerlos inmanejables y prácticamente ininteligibles para las representación de los trabajadores.

No es solo el número y cantidad de documentos aportados, sino también de la calidad de la información contenida en los mismos, pues de lo que se trata es de que los representantes de los trabajadores dispongan de forma efectiva de toda la información necesaria para que el periodo de consultas pueda realizarse conforme a las reglas de la buena fe.

Es evidente que en muchas ocasiones deberá entregar la empresa farragosos documentos técnicos para cuya correcta interpretación sea incluso necesario que la representación de los trabajadores deba recurrir a expertos y asesores externos, sin que eso deba suponer que esté incumpliendo los deberes de información que les corresponden cuando la naturaleza de esos datos vaya indisociablemente unida su inevitable complejidad técnica que impida cualquier otra forma posible de facilitar esa singular información.

Pero no es esto lo que ha sucedido en el caso de autos, en el que la propia sentencia destaca que la enorme complejidad que conllevaba la simple inteligibilidad de los documentos en orden a acreditar su fiabilidad; la fuente utilizada para su elaboración; y el método de cálculo empleado, podría haberse subsanado fácilmente mediante la elaboración del correspondiente informe técnico que estaba perfectamente al alcance de la empresa, como demuestra que aportara al acto de juicio un informe pericial en el interés de convencer al órgano judicial, lo que sin embargo no hizo durante el periodo de consultas en aras a transmitir a la representación de los trabajadores la información oportuna para asegurar una negociación efectivamente informada, pese a las exigencias en tal sentido que reiteraron durante el periodo de consultas y que no fueron atendidas.

A lo que se añade que la empresa no ha despejado las dudas sobre la autenticidad del número de llamadas en que se apoyaba su informe, porque no estaba avalado por Telefónica, lo que no se aclaró debidamente durante la negociación aunque desde el primer momento los representantes de los trabajadores pusieron en cuestión la fiabilidad de los datos de base, sin que durante la negociación explicara la empresa cuales habían sido las fuentes utilizadas».

d) Notificación de la decisión final

STS, rec. 660/2016, de 22 de marzo de 2018, ECLIES:TS:2018:1213

Período de consultas cerrado sin acuerdo. Es necesario que la decisión final que adopta la empresa, tras el periodo de consultas cerrado sin acuerdo, se notifique a los representantes de los trabajadores.

«(...) aunque la representación legal de los trabajadores conocía la intención empresarial, puesta de relieve en el periodo de consultas, lo cierto es que no hubo acto expreso de notificación de la decisión definitiva, por más contundentes que fueran las manifestaciones de la empresa en la última de las reuniones llevadas a cabo (la de 19 de diciembre). Por ello, cabía esperar una notificación posterior que pusiera en conocimiento del Comité de empresa la decisión definitivamente adoptada, así como la ulterior comunicación individualizada a los trabajadores afectados. No constando ésta, se hace inexigible a la parte social una reacción constreñida al plazo de caducidad de los 20 días que, en todo caso, deberían iniciarse en el momento en que la empresa efectúe esa comunicación expresa y fehaciente (...)».

SJS - Oviedo n.º 292/2018, de 5 de Junio de 2018, ECLI:ES:JSO:2018:3468

Comunicación sobre aspectos considerados como modificación sustancial realizada por *whatsapp*. Mediante este medio de comunicación no existe constancia suficiente de que la modificación introducida por la empresa se hubiera impuesto categóricamente al trabajador. No quedó acreditada la novación contractual impuesta al trabajador.

e) Caducidad de acción de impugnación de MSCT

STS n.º 455/2024, 12 de marzo de 2024, ECLI:ES:TS:2024:1486

El art. 138.1 de la LRJS establece: *«El proceso se iniciará por demanda de los trabajadores afectados por la decisión empresarial, aunque no se haya seguido el procedimiento de los artículos 40, 41 y 47 del Estatuto de los Trabajadores. La demanda deberá presentarse en el plazo de caducidad de los veinte días hábiles siguientes a la notificación por escrito de la decisión a los trabajadores o a sus representantes, conforme a lo dispuesto en el apartado 4 del artículo 59 del Estatuto de los Trabajadores, plazo que no comenzará a computarse hasta que tenga lugar dicha notificación (...)».*

La aplicación a la presente litis del citado art. 138.1 de la LRJS obliga a concluir que, con independencia de si la empresa siguió el procedimiento de modificación sustancial de condiciones de trabajo de carácter colectivo del art. 40 del ET, el plazo de caducidad comenzó a computar a partir de la fecha en que la empresa comunicó por escrito a los representantes de los trabajadores la decisión empresarial.

4.3. Extinción del contrato de trabajo por parte de la persona trabajadora

a) Extinción del contrato de trabajo por MSCT bajo el artículo 50 del ET

STSJ de Castilla y León, rec. 1786/2001, de 22 de octubre de 2001, ECLI:ES:TSJCL:2001:4938

La sentencia establece que para que proceda la extinción del contrato de trabajo por MSCT bajo el artículo 50 del ET, debe existir una modificación sustancial que perjudique la formación y menoscabe la dignidad del trabajador, y que sea impuesta unilateralmente por el empresario.

STS n.º 1016/2018, de 4 de diciembre de 2018, ECLI:ES:TS:2018:4483

Aborda la cuestión de la extinción unilateral del contrato de trabajo por parte del trabajador debido a una modificación sustancial de las condiciones de trabajo y su concurrencia con un despido disciplinario.

El artículo 41.3 del Estatuto de los Trabajadores permite al trabajador extinguir su contrato si una modificación sustancial de las condiciones de trabajo le produce un perjuicio, pero no corresponde al trabajador calificar una modificación como sustancial, lo que implica que, ante la duda, debe impugnar judicialmente antes de abandonar el puesto de trabajo.

b) Exigencia de la concurrencia de un perjuicio para la extinción indemnizada según el art. 41.3 del ET

STS n.º 720/2020, de 23 de julio de 2020, ECLI:ES:TS:2020:2603

En términos generales, sostiene que no consta probado que la modificación de condiciones de trabajo notificada al trabajador ocasione un perjuicio relevante al mismo, ya que no alcanza al 8%, además de que nunca se llevó a efecto, por lo que no pudo ocasionar perjuicio efectivo alguno.

El examen de la cuestión planteada en el escrito de recurso exige recordar que efectivamente, en el pronunciamiento del Tribunal Supremo que se cita en el escrito de recurso, se considera que una modificación consistente en la reducción del salario en torno al 5% no supone un perjuicio grave que permita obtener la extinción indemnizada del contrato de trabajo. En concreto, la referida sentencia resume los requisitos que se vienen exigiendo jurisprudencialmente para poder aplicar lo dispuesto en el artículo 41.3 ET, tomando como base el pronunciamiento previo de la STS, rec. 494/2015, de 18 octubre de 2016, de acuerdo con la cual, en términos generales, podría decirse que es necesario que la modificación haya causado un perjuicio al afectado, que además deberá probar tal extremo, sin que sea posible presumir la existencia del perjuicio alegado.

Además, añade que es necesario que la modificación operada sea sustancial, ya que ello es consustancial a la existencia de un perjuicio relevante.

Por tanto, el artículo 41.3 del ET autoriza a los trabajadores a resolver el contrato siempre que la modificación le provoque un perjuicio relevante, tratando la acción resolutoria de paliar los efectos derivados de una alteración contractual especialmente gravosa para el trabajador. El alcance del concreto perjuicio económico que sufre la persona afectada por la reducción salarial que lleva aparejada la reducción de jornada es relevante, pues no es suficiente con que estemos ante una modificación sustancial de condiciones de trabajo, sino que es necesario que la misma comporte dicho perjuicio adicional.

«Si el legislador hubiera querido que toda MSCT comportara el derecho a que las personas afectadas pudieren extinguir su contrato con derecho al percibo de la indemnización expuesta (art. 41.3 ET) y acceder a la situación legal de desempleo (art. 267.1.5º LGSS) debiera haber redactado el artículo 41.3 ET en otros términos.

Porque en él no hay automatismo, sino supeditación de la facultad tipificada a que concurra una circunstancia adicional a la de haberse introducido un cambio relevante en las condiciones de empleo. Que el sujeto afectado "resultase perjudicado" significa que lo uno (introducción de una MSCT afectante a la remuneración) no comporta lo otro (perjuicio). La realidad ha mostrado casos de alteración del sistema remunerador (por ejemplo, método para satisfacer comisiones) carentes de consecuencias desfavorables para determinados trabajadores».

STS n.º 853/2016 de 18 octubre, ECLI:ECLI:ES:TS:2016:4927 y STS, rec. 494/2015, de 18 octubre 2016, ECLI:ES:TS:2016:4927

Para la extinción indemnizada según el art. 41.3 del ET se exige prueba de que el perjuicio sea grave sin que el mismo se presuma.

«(...) para que proceda la rescisión indemnizada del contrato debe acreditarse la existencia de un perjuicio, prueba cuya carga incumbe a quien lo sufre por ser el elemento constitutivo de su pretensión y por ser la parte que mejor conoce el daño y puede probarlo (artículo 217 de la Ley de Enjuiciamiento Civil), sin que pueda presumirse su existencia al no existir ninguna disposición legal que lo permita».

En el segundo de los fallos citados el TS explica que *«(...) el legislador en los supuestos de modificaciones sustanciales a las condiciones de trabajo, condiciona la rescisión indemnizada del contrato a la existencia de un perjuicio, lo que no hace en los supuestos de traslados forzosos, lo que evidencia que en estos casos sí da por probado el perjuicio. Además, el hecho de que la modificación de las condiciones deba ser sustancial evidencia que el perjuicio debe ser relevante, pues en otro caso no se establecería la posibilidad de rescisión contractual que la ley reserva para los graves incumplimientos contractuales (art. 50 ET), supuesto que, aunque no es el que nos ocupa, evidencia que la indemnización del art. 41.3 se reconoce por los perjuicios que causa la modificación de las condiciones del contrato, perjuicios cuya realidad y entidad debe probarse, pues no sería razonable, ni proporcional, sancionar con la rescisión contractual indemnizada, cualquier modificación que ocasionara un perjuicio mínimo, al ser ello contrario al espíritu de la norma que persigue la supervivencia de la empresa en dificultades, económicas en este caso, que se agravarían si todos los afectados rescindiesen sus contratos (...) (es) más acertada la doctrina que sostiene que es necesario acreditar el perjuicio causado para valorar su entidad y la proporcionalidad de la medida rescisoria pedida (...) al actor sólo se le había reducido, temporalmente, su salario 2.645'83 euros al mes en un 3'87% (77'38 euros) perjuicio que no se puede considerar grave, dado que estaba previsto que la reducción se recuperase en el futuro, lo que hacía desproporcionada la rescisión contractual».*

STSJ de Aragón n.º 903/2023, de 11 de diciembre del 2023, ECLI:ES:TSJAR:2023:1490

«(...) La modificación sustancial consiste en el establecimiento del trabajo únicamente en fines de semana, mientras que antes se efectuaba de forma rotatoria en todos los días de la semana respetando el descanso semanal, lo que justifica la interpretación efectuada por la sentencia de que la empresa reconocía implícitamente la existencia de un perjuicio por dicha modificación , pues si no carecería de sentido la remisión que se hace al art. 41.3 del ET, en el sentido de que "reconoce su derecho a rescindir su contrato y percibir una indemnización de veinte días por año de servicio prorrateándose por meses los periodos inferiores a un año y con un máximo de nueve meses", sin hacer referencia alguna a la existencia de "perjuicio" alguno. La inclusión de dicho texto en el acuerdo no puede tener otro sentido que el reconocimiento por parte de la empresa de que la modificación produce un perjuicio y que el trabajador tiene derecho por dicha razón a la extinción del contrato al amparo del art. 41.3 del ET con la indemnización prevista en el mismo. Pues en caso contrario, en modo alguno hacía falta esa referencia al art 41.3 del ET, pues la aplicación del mismo dependería de la existencia de un perjuicio personal y de las circunstancias particulares de cada trabajador, siendo un derecho que no necesitaba reconocimiento alguno. Y no puede olvidarse que el texto es el resultado de la negociación con la representación de los trabajadores y de las condiciones pactadas con los mismos, ningún sentido tenía incluir en el texto lo que es una regulación legal que reconoce un derecho al trabajador cuando concurren las circunstancias exigidas en la norma. Por lo que el recurso se desestima."».

STSJ de Madrid, rec. 996/2017, de 22 de noviembre de 2017, ECLI:ES:TSJM:2017:12344

Analiza un supuesto en el que un trabajador de la misma empresa y como consecuencia del mismo acuerdo ejercita la acción para la extinción indemnizada de la relación contractual.

Explica que para que proceda la extinción contemplada en el artículo 41.3 de ET es necesario que el trabajador sufra un perjuicio grave, siendo del 7 % y del 3,87 % las reducciones consideradas como no graves (al admitir su contraste). Puesto que desde junio de 2013 el actor viene percibiendo el mismo sueldo, la segunda MSCT no le causa perjuicio alguno.

Además, la sentencia calcula el monto global del perjuicio, extrapolando el número semanal de horas trabajadas (seis y media).

STSJ de País Vasco n.º 434/2017, de 21 de febrero de 2017, ECLI:ES:TSJPV:2017:614

Se analiza la existencia de dos cambios (jornada y salario), teniendo en cuenta que *«(...) tampoco es posible introducir el elemento de la carga probatoria de los perjuicios del tal forma que la senda a la que se encauce al trabajador sea una prueba diabólica que por su exhaustividad sea imposible.*

Y es desde aquí el que el contorno de la prueba exigible, cuando menos, deba circunscribirse al ámbito denominado de producción, que no es otro que el de la relación laboral».

STSJ de Madrid n.º 445/2017, de 27 de junio, ECLI:ES:TSJM:2017:7174

El hecho de que la modificación de las condiciones deba ser sustancial evidencia que el perjuicio debe ser relevante, pues en otro caso no se establecería la posibilidad de rescisión contractual que la ley reserva para los graves incumplimientos contractuales.

STSJ de Galicia, rec. 3074/2020, de 11 de noviembre de 2020, ECLI:ES:TSJGAL:2020:6438

El TSJ de Galicia da la razón a un trabajador que procedió a la extinción de su contrato al imponer la empresa una jornada rotatoria que antes no tenía y que le impedía seguir con sus estudios universitarios.

4.4. Novación contractual

Mediante acuerdo entre el empresario y el trabajador por medio de una novación contractual al amparo del art. 3.1.c) del ET, sería posible la transformación de ciertos elementos de un contrato de trabajo (ej.: transformación de un contrato de trabajo indefinido a tiempo completo en otro fijo discontinuo).

Una transformación del contrato de estas características ha de tener carácter voluntario para el trabajador, sin que lo pueda imponer el empresario o producirse como consecuencia de una modificación sustancial de las condiciones de trabajo.

Este fenómeno es distinto a la MSCT.

STJ de Galicia n.º 533/2023, de 2 de febrero del 2023, ECLI:ES:TSJGAL:2023:777

Se considera que no existe una MSCT sobre el salario sino una novación contractual consentida por ambas partes:

> «(...) lo aquí impugnado no es una MSCT ya que supuso la rebaja del salario del trabajador (cuantía salarial) antes de febrero de 2012; tampoco es un descuelgue de convenio, puesto que el propio actor reconoce en demanda que el salario que percibía era por condición más beneficiosa, lo que se corresponde con las otras peticiones formuladas (que se aplique el convenio colectivo del sector de la madera) y la postura sostenida por la empresa (que no existe convenio de aplicación por lo que el salario es el establecido por pacto o el SMI). Por lo tanto lo que se produjo en enero de 2012 fue una autentica novación del contrato , y que además no fue impuesta por la empresa, sino que fue fruto de un acuerdo alcanzado por todos los interesados - y reflejado en el hecho probado segundo no modificado - por lo que no existe ningún incumplimiento empresarial perpetuado

en el tiempo que permita aplicar la doctrina invocada por la recurrente; existió una novación contractual convenida entre las partes , a partir de la cual se modificó el salario del actor, que no fue cuestionada en el plazo de un año, por lo que como señala la sentencia de instancia la medida combatida quedó firme y no tiene derecho ni a la reposición en el salario anterior a enero de 2012, ni a las diferencias salariales reclamadas, ni a la indemnización de daños y perjuicios».

4.5. Necesidad de acudir al procedimiento de descuelgue

STS, rec. 122/2019, de 8 de octubre de 2020, ECLI:ES:TS:2020:3487 y STS, rec. 93/2019, de 8 de octubre de 2021, ECLI:ES:TS:2021:639

La empresa puede acudir al procedimiento del art. 41 del ET para aplicar modificaciones sustanciales de condiciones de trabajo cuando afecten a materias que no estén reguladas en un convenio colectivo de naturaleza estatutaria, pero debe necesariamente sujetarse al específico procedimiento del art. 82.3 ET , cuando lo que pretende es inaplicar condiciones de trabajo reguladas en esa clase de convenios, para descolgarse de las mismas en razón de causas económicas, productivas, técnicas u organizativas, que pretende hacer valer a tal efecto.

ANEXO.
FORMULARIOS

Escrito de comunicación por parte del trabajador de la aceptación de la modificación sustancial de las condiciones de trabajo con preaviso de impugnación

La decisión de modificación sustancial de condiciones de trabajo de carácter individual deberá ser notificada por el empresario al trabajador afectado y a sus representantes legales con una antelación mínima de 15 días a la fecha de su efectividad.

En los supuestos de modificación sustancial de jornada de trabajo, horario y distribución del tiempo de trabajo, régimen de trabajo a turnos, sistema de remuneración y cuantía salarial y funciones, cuando excedan de los límites que para la movilidad funcional, si el trabajador resultase perjudicado por la modificación sustancial tendrá derecho a rescindir su contrato y percibir una **indemnización de 20 días de salario por año de servicio** prorrateándose por meses los períodos inferiores a un año y con un máximo de nueve meses (art. 41.3 del ET).

Sin perjuicio de la ejecutividad de la modificación en el plazo de efectividad anteriormente citado, el trabajador que no habiendo optado por la rescisión de su contrato se muestre disconforme con la decisión empresarial podrá impugnarse ante la jurisdicción social. La sentencia declarará la modificación justificada o injustificada y, en este último caso, reconocerá el derecho del trabajador a ser repuesto en sus anteriores condiciones.

El siguiente modelo permite a la persona trabajadora, disconforme con la decisión empresarial de modificar sustancialmente sus condiciones de trabajo, comunicar a la empresa la aceptación de la ejecutividad de la modificación pese a su intención de impugnar ante la jurisdicción social.

En [LOCALIDAD], a [DÍA] de [MES] de [AÑO]

[NOMBRE_PERSONA_TRABAJADORA]

DNI [NÚMERO]

A la atención de [NOMBRE_EMPRESA]

Muy Señores/as míos/as:

Recibida su comunicación, de fecha [DÍA] de [MES] de [AÑO], en la que me comunica la decisión empresarial de modificar mis condiciones de trabajo, sustituyendo [CONDICIONES_ANTIGUAS] que hasta la fecha venía disfrutando por [NUEVAS_CONDICIONES].

Dicha decisión no me parece suficientemente justificada y, además, supone una grave lesión a mis intereses por impedirme [ESPECIFICAR_PERJUICIO].

Por lo expuesto, le comunico, que, sin perjuicio de la aceptación de la ejecutividad de la modificación impuesta en el plazo de efectividad previsto, y, a pesar de no haber optado por la rescisión de mi contrato al amparo del artículo 41.3 del Real Decreto Legislativo 2/2015, de 23 de octubre, por el que se aprueba el texto refundido de la Ley del Estatuto de los Trabajadores **(1)**, procederé a impugnarla ante la jurisdicción social. **(2)**

Sin otro particular que comunicarle, se despide atentamente,

[FIRMA]

Fdo.: [NOMBRE_PERSONA_TRABAJADORA]

Recibí

[SELLO_FIRMA_EMPRESA]

La empresa.

---

(1) En los supuestos de modificación sobre: a) Jornada de trabajo; b) Horario y distribución del tiempo de trabajo; c) Régimen de trabajo a turnos; d) Sistema de remuneración y cuantía salarial; e) Funciones, cuando excedan de los límites que para la movilidad funcional prevé el art. 39 del ET; Si el trabajador resultase perjudicado por la modificación sustancial tendrá derecho a rescindir su contrato y percibir una indemnización de 20 días de salario por año de servicio prorrateándose por meses los períodos inferiores a un año y con un máximo de nueve meses.

(2) La sentencia declarará la modificación justificada o injustificada y, en este último caso, reconocerá el derecho del trabajador a ser repuesto en sus anteriores condiciones.

Escrito de oposición a la modificación sustancial de las condiciones de trabajo comunicando la intención del trabajador de impugnar

De conformidad con el art. 41 del Estatuto de los Trabajadores, la dirección de la empresa podrá acordar modificaciones sustanciales de las condiciones de trabajo cuando existan probadas razones económicas, técnicas, organizativas o de producción. Se considerarán tales las que estén relacionadas con la competitividad, productividad u organización técnica o del trabajo en la empresa considerándose como tales las que afectan a las siguientes materias:

> «a) Jornada de trabajo.
> b) Horario.
> c) Régimen de trabajo a turnos.
> d) Sistema de remuneración.
> e) Sistema de trabajo y rendimiento.
> f) Funciones, cuando excedan de los límites que para la movilidad funcional prevé el artículo 39 del ET.»

Determina el art. 41 en su apartado tercero que la decisión de modificación sustancial de condiciones de trabajo de carácter individual deberá ser notificada por el empresario al trabajador afectado y a sus representantes legales con una antelación mínima de quince días a la fecha de su efectividad.

En los ya mencionados supuestos a), b), c), d) y f), si el trabajador resultase perjudicado por la modificación sustancial, tendrá derecho a rescindir su contrato y a percibir una indemnización de veinte días de salario por año de servicio, prorrateándose por meses los periodos inferiores a un año y con un máximo de nueve meses.

Si no hubiera optado por la rescisión, el trabajador disconforme con la modificación podrá oponerse a ella frente a la empresa mediante escrito como el que se ilustra a continuación, en el que cabrá incluir el anuncio de emprendimiento de acciones legales ante la jurisdicción social.

En [PROVINCIA], a [DIA] de [MES] de [AÑO].

[DATOS_PERSONA_TRABAJADORA]

Sr./Sra. Director/a de [ESPECIFICAR_CARGO], de la empresa [NOMBRE_EMPRESA]

Muy Señor/a mío/a:

Recibida su comunicación, de fecha [DÍA] de [MES] de [AÑO] **(1)**, en la que me comunica la decisión empresarial de modificar mis condiciones de trabajo, sustituyendo [DESCRIPCIÓN], que hasta la fecha venía disfrutando, por [DESCRIPCIÓN].

Dicha decisión no me parece suficientemente justificada y, además, supone una grave lesión a mis intereses por impedirme [DESCRIPCIÓN].

Por lo expuesto, le comunico mi propósito de impugnar esa decisión ante el Juzgado de lo Social. **(2)**

Sin otro particular que comunicarle, se despide atentamente,

[FIRMA]

Fdo.: [NOMBRE_PERSONA_TRABAJADORA]

Recibí el [DIA] de [MES] de [AÑO]

[SELLO_Y_FIRMA]

Fdo.: [NOMBRE_EMPRESA]

---

(1) La decisión de modificación sustancial de condiciones de trabajo de carácter individual deberá ser notificada por el empresario al trabajador afectado y a sus representantes legales con una antelación mínima de 15 días a la fecha de su efectividad.

(2) Sin perjuicio de la ejecutividad de la modificación en el plazo de efectividad, el trabajador que, no habiendo optado por la rescisión de su contrato, se muestre disconforme con la decisión empresarial podrá impugnar ante la jurisdicción social. La sentencia declarará la modificación justificada o injustificada y, en este último caso, reconocerá el derecho del trabajador a ser repuesto en sus anteriores condiciones.

Comunicación por parte del trabajador de la negativa a la aceptación de modificación sustancial de las condiciones de trabajo sobre su jornada

La decisión de modificación sustancial de condiciones de trabajo de carácter individual deberá ser notificada por el empresario al trabajador afectado y a sus representantes legales con una antelación mínima de 15 días a la fecha de su efectividad.

En los supuestos de modificación sustancial de jornada de trabajo, horario y distribución del tiempo de trabajo o régimen de trabajo a turnos, si la persona trabajadora resultase perjudicada por la modificación sustancial tendrá derecho a rescindir su contrato y percibir una indemnización de 20 días de salario por año de servicio prorrateándose por meses los períodos inferiores a un año y con un máximo de nueve meses. (art. 41.3 del ET).

Sin perjuicio de la ejecutividad de la modificación en el plazo de efectividad anteriormente citado, la persona trabajadora que no habiendo optado por la rescisión de su contrato se muestre disconforme con la decisión empresarial podrá impugnarla ante la jurisdicción social. La sentencia declarará la modificación justificada o injustificada y, en este último caso, reconocerá el derecho del trabajador a ser repuesto en sus anteriores condiciones.

El presente modelo permite la solicitud de rescisión del contrato de trabajo por el trabajador ante modificación sustancial de las condiciones de trabajo sobre la jornada laboral.

En [LOCALIDAD], a [DÍA] de [MES] de [ANIO].

[NOMBRE_PERSONA_TRABAJADORA].

DNI [NÚMERO].

Yo [NOMBRE_PERSONA_TRABAJADORA] de NIF: [NÚMERO], en respuesta al escrito de fecha [FECHA] (1), en su referencia a la modificación del horario y [AMPLIACIÓN_DISMINUCIÓN] del mismo a [DESCRIPCION] (2), con fundamento en el artículo 41 del Estatuto de los Trabajadores, mediante la presente les comunico que procedo a comunicarles mi firme, expresa e inequívoca decisión de rescindir el contrato laboral suscrito entre las partes, habida cuenta que la modificación sustancial informada e impuesta por parte de la empresa resulta perjudicial para mí por tener un impacto muy negativo en mi vida personal, toda vez [ESPECIFICAR]. (3)

La fecha de efectos de la mencionada rescisión contractual será el próximo [FECHA], último día de trabajo efectivo en la empresa. En este sentido les solicito que ese mismo día pongan a mi disposición la indemnización que legalmente me corresponde, calculada a razón de 20 días de salario por año trabajado prorrateándose por meses los periodos inferiores al año y con el tope de nueve mensualidades, además del salario correspondiente por los haberes devengados por los [NUMERO_DIAS] días trabajados por durante el mes de [MES] de [ANIO], con expresa inclusión de prorrata de pagas extras así como las vacaciones devengadas y no disfrutadas y todo ello junto con la documentación de saldo y finiquito.

Con la confianza de que la presente carta sirva para el propósito pretendido sin que para ejercitar este derecho tenga que acudir a la Jurisdicción social y/o a la Inspección de Trabajo, les agradecería se sirvan firmar duplicado de la presente comunicación.

Sin otro particular,

[FIRMA]

D./D.ª [NOMBRE_PERSONA_TRABAJADORA].

Recibí el original de la presente.

[FIRMA_SELLO_EMPRESA].

La empresa.

---

(1) La decisión de modificación sustancial de condiciones de trabajo de carácter individual deberá ser notificada por el empresario al trabajador afectado y a sus representantes legales con una antelación mínima de quince días a la fecha de su efectividad.

(2) Tendrán la consideración de modificaciones sustanciales de las condiciones de trabajo, entre otras, las que afecten a las siguientes materias: a) jornada de trabajo: b) horario y distribución del tiempo de trabajo. c) régimen de trabajo a turnos; d) sistema de remuneración y cuantía salarial; e) sistema de trabajo y rendimiento; f) funciones, cuando excedan de los límites que para la movilidad funcional prevé el artículo 39 del ET.

(3) A pesar de que jurídicamente no exista obligación de detallar el alcance de dicho perjuicio para solicitar la extinción del contrato, la doctrina y jurisprudencia vienen entendiendo que la pretensión resolutoria requiere probar la existencia de un perjuicio y que su entidad justifique la extinción. (STS n.º 853/2016, de 18 de octubre de 2016, ECLI:ES:TS:2016:4927; SJS Donostia/San Sebastián n.º 10/2015, de 8 de enero, ECLI:ES:JSO:2015:6).

Escrito de comunicación genérica al trabajador de modificación sustancial individual de condiciones de trabajo

El art. 41 del ET permite cambios laborales por causas justificadas, con preaviso y opción de rescisión indemnizada para el trabajador.

Con ayuda del presente modelo, la empresa podrá notificar a la persona trabajadora la modificación sustancial de sus condiciones de trabajo ex art. 41.3 ET.

En [PROVINCIA], a [DIA] de [MES] de [AÑO].

[NOMBRE_EMPRESA].

Sr./Sra. D./D.ª [NOMBRE_PERSONA_TRABAJADORA].

Muy señor/a nuestro/a:

Concurriendo razones [ESPECIFICAR] **(1)**, consistentes en [ESPECIFICAR] **(2)** al amparo de lo establecido en el artículo 41 del Real Decreto Legislativo 2/2015, de 23 de octubre, por el que se aprueba el texto refundido de la Ley del Estatuto de los Trabajadores, nos vemos obligados a decretar, con efectos del [DÍA] de [MES] de [AÑO] **(3)**, una modificación individual de carácter sustancial de las siguientes condiciones de trabajo que viene usted disfrutando en materia de [ESPECIFICAR]. **(4)**

Todo lo cual se pone en su conocimiento con una antelación de quince días a la fecha de su efectividad y sin perjuicio de su derecho a rescindir el contrato de trabajo percibiendo de una indemnización de 20 días de salario por año de servicio prorrateándose por meses los períodos inferiores a un año y con un máximo de nueve meses.

Con esta fecha damos traslado a la representación legal de los trabajadores del contenido de esta orden empresarial. **(5)**

Con el ruego de que acuse recibo de este escrito, le saluda atentamente

[SELLO_Y_FIRMA]

Fdo.: [NOMBRE_EMPRESA]

Recibí el [DIA] de [MES] de [AÑO]

[FIRMA]

Fdo.: [NOMBRE_PERSONA_TRABAJADORA]

---

(1) Razones económicas, técnicas, organizativas o de producción.
(2) Detallar y concretar el contenido de las razones que obligan a la modificación sustancial individual de las condiciones de trabajo según el art. 41 del Estatuto de los Trabajadores.

(3) La decisión de modificación de condiciones de trabajo, ha de ser notificada por la empresa al trabajador afectado con una antelación mínima de quince días a la fecha de su efectividad (apdo. 3 art. 41 del ET). Sin perjuicio de la ejecutividad de la modificación en el plazo de efectividad anteriormente citado, el trabajador que no habiendo optado por la rescisión de su contrato se muestre disconforme con la decisión empresarial podrá impugnarla ante la jurisdicción social. La sentencia declarará la modificación justificada o injustificada y, en este último caso, reconocerá el derecho del trabajador a ser repuesto en sus anteriores condiciones.

(4) Tendrán la consideración de modificaciones sustanciales de las condiciones de trabajo, entre otras, las que afecten a las siguientes materias: a) Jornada de trabajo; b) Horario y distribución del tiempo de trabajo; c) Régimen de trabajo a turnos; d) Sistema de remuneración y cuantía salarial; e) Sistema de trabajo y rendimiento; f) Funciones, cuando excedan de los límites que para la movilidad funcional prevé el art. 39 del ET.

(5) La comunicación a los representantes legales de los trabajadores, se ha de realizar, con una antelación mínima de quince días a la fecha de efectos (art. 41.3 del ET).

Escrito de comunicación al trabajador de extinción del contrato con abono de indemnización por no aceptación de modificación sustancial de las condiciones de trabajo

En los supuestos de no aceptación por parte del trabajador de las modificaciones sustanciales de las condiciones de trabajo en materia de: Jornada de trabajo, horario y distribución del tiempo de trabajo, régimen de trabajo a turnos, sistema de remuneración y cuantía salarial o funciones (cuando excedan de los límites que para la movilidad funcional prevé el art. 39 del ET), si el trabajador resultase perjudicado por la modificación sustancial tendrá derecho a rescindir su contrato y percibir una indemnización de veinte días de salario por año de servicio prorrateándose por meses los periodos inferiores a un año y con un máximo de nueve meses.

En [PROVINCIA], a [DIA] de [MES] de [AÑO].

[DATOS_EMPRESA]

Sr./Sra. D./D.ª [NOMBRE_PERSONA_TRABAJADORA].

Muy Sr./Sra. Nuestro/a:

Por la presente le comunicamos la extinción de su contrato de trabajo, con efectos del día [DÍA] de [MES] de [AÑO], tras haber rechazado la modificación sustancial de sus condiciones de trabajo planteada por la empresa el día [FECHA], de conformidad con lo previsto en el artículo 41 del Real Decreto Legislativo 2/2015, de 23 de octubre, por el que se aprueba el texto refundido de la Ley del Estatuto de los Trabajadores.

En cumplimiento del artículo mencionado, se le abonará una indemnización de 20 días por año de servicio, prorrateándose por meses los períodos de tiempo inferiores a un año y con un máximo de 9 mensualidades que, en su caso, asciende a la cantidad de [CANTIDAD] euros.

Rogándole se sirva firmar el duplicado de la presente en señal de recepción, le saluda atentamente.

[FIRMA_Y_SELLO]

La empresa

RECIBÍ

[FIRMA]

D./D.ª [NOMBRE_PERSONA_TRABAJADORA].

Comunicación unilateral por parte de la empresa al trabajador de cambio de horario (modificación no sustancial de las condiciones de trabajo)

Por lo general, la modificación de horario ha de englobarse dentro de los supuestos de modificación sustancial de las condiciones de trabajo. No obstante, la normativa laboral concede al empresario la posibilidad de modificar el contenido de la prestación para adecuarla a la finalidad de la producción cuando las modificaciones efectuadas no alteren o transformen los aspectos fundamentales de la relación laboral. Por lo tanto, si la modificación no es esencial desde un punto de vista cuantitativo o cualitativo, no adquiere dicha característica, y la empresa podrá realizarla sin necesidad de someterse a los requisitos establecidos en el art. 41 del ET, por encontrarse dentro del cuadro de las facultades ordinarias de dirección y gestión del empresario.

En [PROVINCIA], a [FECHA]

[DATOS_EMPRESA]

A la Att. de **D./Dña.** [NOMBRE_PERSONA_TRABAJADORA]

Muy Sr./Sra. nuestro/a:

Me dirijo a usted con el motivo de comunicarle que con efectos del próximo [FECHA], la dirección de la empresa ha optado por modificar su horario laboral en las siguientes condiciones:

[ESPECIFICAR].

La modificación operada se debe a motivos de índole [DESCRIPCIÓN], pues [DESCRIPCION] **(1)**, y en ningún momento supone una modificación sustancial de las condiciones de trabajo dada la [DESCRIPCIÓN] **(2)**, lo que hace que se englobe dentro del poder de dirección empresarial.

Sin otro particular que comunicarle,

un cordial saludo

[FIRMA_SELLO_EMPRESA]

La empresa

Recibí el original de la presente.

[FIRMA]

D./Dña. [NOMBRE_PERSONA_TRABAJADORA]

---

(1) Si la posibilidad de cambio horario por el motivo descrito se encuentra establecida por convenio colectivo consignar: «Tal posibilidad se encuentra recogida en el Convenio Colectivo de [CONVENIO_COLECTIVO_APLICABLE] aplicable en las relaciones laborales de esta empresa».

(2) A modo de ejemplo: «()... la naturaleza temporal de la medida»; «la escasa importancia cualitativa de la misma», etc. El TS ha rechazado la existencia de modificación sustancial en el caso del retraso en media hora de la entrada y salida del trabajo. (STS, rec. 183/2004, de 10 de octubre de 2005, ECLI:ES:TS:2005:5990).

Formulario de demanda de extinción de contrato por modificación sustancial de las condiciones de trabajo (art. 41.3 ET)

Según dispone el art. 41.3 del Estatuto de los Trabajadores (ET), la decisión de modificación sustancial de condiciones de trabajo de carácter individual deberá ser notificada por el empresario al trabajador afectado y a sus representantes legales con una antelación mínima de quince días a la fecha de su efectividad.

En caso de modificaciones de la siguiente índole:

- Jornada de trabajo,

- Horario y distribución del tiempo de trabajo,

- Régimen de trabajo a turnos,

- Sistema de remuneración y cuantía salarial,

- Funciones, cuando excedan de los límites que para la movilidad funcional prevé el art. 39 del ET.

Si el trabajador resultase perjudicado, tendrá derecho a rescindir su contrato y percibir una indemnización de veinte días de salario por año de servicio prorrateándose por meses los periodos inferiores a un año y con un máximo de nueve meses.

Sin perjuicio de la ejecutividad de la modificación en el plazo de efectividad anteriormente citado, el trabajador que, no habiendo optado por la rescisión de su contrato, se muestre disconforme con la decisión empresarial podrá impugnarla ante la jurisdicción social. La sentencia declarará la modificación justificada o injustificada y, en este último caso, reconocerá el derecho del trabajador a ser repuesto en sus anteriores condiciones.

De conformidad con lo anterior, el siguiente formulario ilustra el escrito de demanda por el que la persona perjudicada por modificaciones sustanciales en sus condiciones de trabajo, podrá reclamar en sede judicial la extinción de su relación laboral con la empresa.

AL JUZGADO DE LO SOCIAL N.º [NUM_JUZGADO] **DE** [LOCALIDAD]

D./D.ª [NOMBRE_LETRADO/GRADUADO_SOCIAL], en calidad de Letrado/a (Graduado/ Social) y representante de **D./D.ª** [NOMBRE_TRABAJADOR], representación que acredito mediante copia de escritura de apoderamiento que acompaño, y domicilio a efectos de notificaciones en [DOMICILIO], ante este Juzgado de lo Social, comparece y como mejor proceda en derecho,

DICE

Que por medio del presente escrito viene a formular **DEMANDA** sobre **EXTINCIÓN DE LA RELACIÓN LABORAL A INSTANCIA DEL TRABAJADOR** derivada de la **MODIFICACIÓN SUSTANCIAL DE SUS CONDICIONES DE TRABAJO**, de conformidad con el artículo 138 de la Ley Reguladora de la Jurisdicción Social, con la empresa [RAZON_SOCIAL] a citar en [DOMICILIO_SOCIAL]; en base a los siguientes

HECHOS

PRIMERO.- El trabajador presta sus servicios para la demandada desde el [DÍA] de [MES] de [AÑO], desarrollando funciones de [DESCRIPCION], bajo el grupo profesional de [GRUPO_PROFESIONAL] y salario de [CANTIDAD] euros/mes con parte proporcional de pagas extras.

SEGUNDO.- La empresa con fecha de [DÍA] de [MES] de [AÑO], mediante comunicación escrita informa al trabajador que por razones [ESPECIFICAR] con fecha de [DÍA] de [MES] de [AÑO], se le modificará [ESPECIFICAR], pasando de [CONDICIONES_ANTERIORES] a [NUEVAS_CONDICIONES].

Las razones alegadas por la empresa son las siguientes:

«[TRANSCRIBIR COMUNICACIÓN ESCRITA]».

TERCERO.- El trabajador se ve seriamente perjudicado por el [ESPECIFICAR_MODIFICACION_SUSTANCIAL]. Existen razones evidentes del perjuicio que se alega por parte de quien durante toda su relación laboral ha tenido [CONDICIONES_ANTERIORES], y que ahora pasa a [NUEVAS_CONDICIONES]. Por otro lado, las modificaciones pretendidas alteran e imposibilitan la [ESPECIFICAR]. **(1)**

CUARTO.- Al amparo de lo dispuesto en la letra (a)/b)/c)/d)//f) **(2)** del art. 41.1 del Estatuto de los Trabajadores, el cambio de [ESPECIFICAR] notificado al trabajador, constituye una modificación sustancial de sus condiciones de trabajo.

QUINTO.- El trabajador opta por extinguir su relación laboral al amparo de lo dispuesto en el art. 41.3 del Estatuto de los Trabajadores. Este precepto establece que «*si el trabajador resultase perjudicado por la modificación sustancial tendrá derecho a rescindir su contrato y percibir una indemnización de veinte días de salario por año de servicio prorrateándose por meses los periodos inferiores a un año y con un máximo de nueve meses*».

FUNDAMENTOS DE DERECHO

PRIMERO.- COMPETENCIA

Resulta competente este Juzgado de lo Social, de acuerdo con lo previsto en los artículos 1, 2 a) y 10.1 de la Ley 36/2011, de 10 de octubre, reguladora de la jurisdicción social.

SEGUNDO.- CAPACIDAD Y LEGITIMACIÓN

Que mi cliente ostenta se encuentra capacitado para comparecer en juicio y goza de la capacidad procesal estipulada en el artículo 16 de la Ley 36/2011, de 10 de octubre, reguladora de la jurisdicción social., como también se encuentra legitimado conforme al artículo 17 de la LRJS.

TERCERO.- REPRESENTACIÓN

Que mi representado actúa asistido de abogado/a/ graduado/a social, de acuerdo con los artículos 18 y 21 ambos de la Ley 36/2011, de 10 de octubre, reguladora de la jurisdicción social.

«Las partes podrán comparecer por sí mismas o conferir su representación a abogado, procurador, graduado social colegiado o cualquier persona que se encuentre en el pleno ejercicio de sus derechos civiles».

CUARTO.- PROCEDIMIENTO

El proceso a seguir para la tramitación de esta demanda será el establecido en el artículo 138 de la Ley 36/2011, de 10 de octubre, reguladora de la jurisdicción social, relativo a los procesos sobre movilidad geográfica, modificaciones sustanciales de condiciones de trabajo, suspensión del contrato y reducción de jornada por causas económicas, técnicas, organizativas o de producción o derivadas de fuerza mayor.

QUINTO.- FONDO DEL ASUNTO (3)

El artículo 41 del Estatuto de los Trabajadores, si bien se refiere a que el empresario podrá acordar modificaciones sustanciales de las condiciones de trabajo, deberá serlo con estricta sujeción a la existencia de probadas razones económicas, técnicas, organizativas o de producción, mediante la oportuna notificación con una antelación mínima de 15 días a la fecha de su efectividad

El citado artículo 41.3 Estatuto de los Trabajadores, señala que sin perjuicio de la ejecutividad de la modificación llevada a cabo, el trabajador que se hallare disconforme con la decisión empresarial podrá impugnarla ante la jurisdicción competente.

> «La decisión de modificación sustancial de condiciones de trabajo de carácter individual deberá ser notificada por el empresario al trabajador afectado y a sus representantes legales con una antelación mínima de quince días a la fecha de su efectividad.
> En los supuestos previstos en las letras a), b), c), d) y f) del apartado 1, si el trabajador resultase perjudicado por la modificación sustancial tendrá derecho a rescindir su contrato y percibir una indemnización de veinte días de salario por año de servicio prorrateándose por meses los periodos inferiores a un año y con un máximo de nueve meses.
> Sin perjuicio de la ejecutividad de la modificación en el plazo de efectividad anteriormente citado, el trabajador que, no habiendo optado por la rescisión de su contrato, se muestre disconforme con la decisión empresarial podrá impugnarla ante la jurisdicción social. La sentencia declarará la modificación justificada o injustificada y, en este último caso, reconocerá el derecho del trabajador a ser repuesto en sus anteriores condiciones».

También resultan de aplicación al caso, los artículos [ART_CONVENIO] del Convenio Colectivo [CONVENIO_COLECTIVO_APLICABLE], los cuales establecen al respecto: [ESPECIFICAR]

Por lo expuesto,

SOLICITA AL JUZGADO DE LO SOCIAL:

Tenga por presentado este escrito con sus copias por el/la Secretario/a judicial se sirva admitirlo y, previos los oportunos trámites cite a las partes para los actos de la vista y juicio y, en su día el Tribunal dicte Sentencia, la cual será inmediatamente ejecutiva, por la que, con estimación de lo alegado, declare el derecho del actor a extinguir su relación laboral con motivo de la modificación comunicada, condenando a la empresa a abonar una indemnización consistente en veinte días de salario por año de servicio, prorrateándose por meses los periodos inferiores a un año y con un máximo de nueve meses.

En [LOCALIDAD], a [DÍA] de [MES] de [AÑO]

[FIRMAS]

OTROSÍ DICE: que, para el acto del juicio asistirá junto con su abogado/a, Don/Doña [NOMBRE_ABOGADO_CLIENTE], con [NUMEROCOLEGIADO_ABOGADO_CLIENTE], de conformidad con lo estipulado en el artículo 21 de la Ley Reguladora de la Jurisdicción Social.

Por ello,

SOLICITA AL JUZGADO:

Tenga por hecha dicha manifestación.

Por ser justicia, fecha y lugar *«ut supra»*

[FIRMA]

SEGUNDO OTROSÍ DICE: que para el acto de juicio intentará valerse de los siguientes medios de prueba: [ESPECIFICAR].

En su virtud,

SUPLICA AL JUZGADO:

Tenga por propuestos los indicados medios de prueba el Tribunal se sirva admitirlo y proveer lo necesario para su práctica en el acto de Juicio, sin perjuicio de otros que puedan proponerse.

Por ser justicia, fecha y lugar *«ut supra»*

[FIRMA]

---

(1) El tratamiento que da el art. 41.3 del ET es igual a todas las modificaciones: «En los supuestos previstos en las letras a), b), c), d) y f) del apartado 1, si el trabajador resultase perjudicado por la modificación sustancial tendrá derecho a rescindir su contrato y percibir una indemnización de veinte días de salario por año de servicio prorrateándose por meses los periodos inferiores a un año y con un máximo de nueve meses». No basta, por tanto, cualquier perjuicio para rescindir un contrato de trabajo con indemnización por una MSCT, sino que debe ser significativo y demostrable. STS n.º 853/2016, de 18 de octubre de 2016, ECLI:ES:TS:2016:4927: La indemnización del art. 41.3 del ET, (...) se reconoce por los perjuicios que causa la modificación de las condiciones del contrato, perjuicios cuya realidad y entidad debe probarse, pues no sería razonable, ni proporcional, sancionar con la rescisión contractual indemnizada, cualquier modificación que ocasionara un perjuicio mínimo, al ser ello contrario al espíritu de la norma que persigue la supervivencia de la empresa en dificultades, económicas en este caso, que se agravarían si todos los afectados rescindiesen sus contratos.

(2) Establecer la materia afectada por las modificaciones sustanciales de las condiciones de trabajo, de las establecidas en las letras a), b), c), d) y f) del apartado 1 del artículo 41 ET.

(3) En materia extinción del contrato de trabajo y modificaciones sustanciales de las condiciones de trabajo, puede consultar la STSJ de Extremadura n.º 503/2014, de 20 de octubre de 2014 y la STSJ de Asturias n.º 912/2014, de 11 de abril de 2014.

Demanda ante negativa por parte de empresa al abono de indemnización de modificación sustancial de las condiciones de trabajo

El presente modelo permite la interposición de demanda en reclamación de cantidad ante negativa por parte de empresa a abonar indemnización de modificación sustancial de las condiciones de trabajo cuando el trabajador opte por la extinción indemnizada establecida en el art. 41.3 del ET.

AL JUZGADO DE LO SOCIAL DE [PROVINCIA]

D./D.ª [NOMBRE_ABOGADO_CLIENTE], Letrado/a, colegiado/a con el n.º [NUME-ROCOLEGIADO_ABOGADO_CLIENTE], en nombre y representación de D./D.ª [NOMBRE_CLIENTE], mayor de edad, poseedor del D.N.I. núm. [NIF_CIF_DNI_CLIENTE] , y vecino de [LOCALIDAD], con domicilio en calle [CALLE], conforme se tiene acreditada por apoderamiento efectuado en el día de hoy, ante el Sr. Secretario Judicial, del Juzgado al que nos dirigimos, ante el JUZGADO DE LO SOCIAL comparezco y como mejor proceda en Derecho,

DIGO

Que por medio del presente escrito vengo a interponer **DEMANDA EN RECLAMACIÓN DE CANTIDAD CORRESPONDIENTE A INDEMNIZACIÓN POR EXTINCIÓN DE CONTRATO DE TRABAJO, COMO CONSECUENCIA DE NEGATIVA A LA ACEPTACIÓN DE MODIFICACIÓN SUSTANCIAL DE CONDICIONES DE TRABAJO**, contra la empresa [NOMBRE_EMPRESA], con domicilio en [DOMICILIO_SOCIAL], sirviendo de base a la demanda los siguientes,

HECHOS

PRIMERO.- Que mi mandante, comenzó a prestar servicios para la empresa demandada el día [FECHA], con el grupo profesional de [GRUPO_PROFESIONAL], y percibiendo en la actualidad un salario de [CANTIDAD] euros, una vez prorrateadas las pagas extraordinarias correspondientes.

SEGUNDO.- La empresa demandada, que tiene una plantilla de [NÚMERO] trabajadores, con fecha [DÍA] de [MES] de [AÑO], procedió a la imposición de una modificación sustancial de las condiciones de trabajo de mi representado consistente en [DESCRIPCIÓN]. (Adjunto comunicación de modificación sustancial como doc. núm. 1).

TERCERO.- Que el trabajador/a por resultar perjudicado por la modificación sustancial ejerció su derecho a rescindir el contrato laboral y percibir una indemnización de veinte días de salario por año de servicio prorrateándose por meses los periodos inferiores a un año y con un máximo de nueve meses. (Adjunto comunicación del trabajador como doc. núm. 2).

CUARTO.- Que la empresa firmó el recibí de la citada comunicación con [FECHA], así como manifestó por escrito de [FECHA] que se accedía a la extinción de la relación laboral con efectos de la fecha [FECHA] poniendo a su disposición la **indemnización legalmente establecida de** [CANTIDAD] **euros**.

Adjunto como **Documento N.º** [NÚMERO] comunicación empresarial de fecha [FECHA].

QUINTO.- Que a fecha de hoy **no se ha puesto a mi disposición indemnización de ningún tipo**.

SEXTO.- Que el demandante presentó papeleta de conciliación ante el Servicio de Mediación Arbitraje y Conciliación, celebrándose el correspondiente acto de conciliación con fecha [DIA] de [MES] de [AÑO] y con resultado [DESCRIPCIÓN], según se acredita con la certificación que se acompaña.

A los anteriores hechos son de aplicación los siguientes

FUNDAMENTOS DE DERECHO

PRIMERO.- COMPETENCIA

De acuerdo con lo previsto en los artículos 1, 2, 6 y 10 de la Ley 36/2011, de 10 de octubre, reguladora de la jurisdicción social (LJS, resulta competente dicho Juzgado de lo Social en razón de la materia y territorio.

SEGUNDO.- CAPACIDAD, REPRESENTACIÓN Y LEGITIMACIÓN

Que mi representado tiene la capacidad procesal necesario y se encuentra legitimado en virtud de los artículos 16 y 17 ambos de la LJS, como también se encuentra debidamente representado de acuerdo con el artículo 18 y siguientes de la citada norma.

TERCERO.- PROCEDIMIENTO

El procedimiento a seguir será el estipulado en los artículos 80 y siguientes de la Ley de la Jurisdicción Social. **(1)**

CUARTO.- FONDO DEL ASUNTO

El artículo 41 del Real Decreto Legislativo 2/2015, de 23 de octubre, por el que se aprueba el texto refundido de la Ley del Estatuto de los Trabajadores, que regula las modificaciones sustanciales de condiciones de trabajo. En concreto su punto núm. 3, donde se establece que en supuestos como el presente, si el trabajador resultase perjudicado por la modificación sustancial tendrá derecho a rescindir su contrato y percibir una indemnización de veinte días de salario por año de servicio prorrateándose por meses los periodos inferiores a un año y con un máximo de nueve meses.

El convenio colectivo del sector de [DESCRIPCIÓN], actualmente vigente y publicado con fecha [DÍA] de [MES] de [AÑO] y aplicable a la empresa demandada.

Por lo que en razón de lo expuesto,

SUPLICO al JUZGADO DE LO SOCIAL, que habiendo por presentado este escrito con sus copias y documentos adjuntos, tenga por interpuesta en tiempo y forma demanda en **reclamación de cantidad correspondiente a indemnización por extinción de contrato de trabajo, como consecuencia de negativa a la aceptación de modificación sustancial de condiciones de trabajo** contra la empresa [NOMBRE_EMPRE-SA], acuerde señalar día y hora para la celebración de la conciliación previa y, caso de no avenencia, del acto del juicio, y tras de éste y de los demás trámites oportunos, concluir dictando sentencia por la que se condene a la empresa demandada a que abone al demandante la cantidad de [CANTIDAD] euros en concepto de extinción por voluntad del trabajador ante **modificación sustancial de condiciones de trabajo,** pues así procede en derecho y justicia.

Por ser Justicia que pido en [LOCALIDAD] a [DÍA] de [MES] de [AÑO].

[FIRMA]

OTROSI DIGO, Que esta parte designa, a efectos de diligencias y notificaciones, el domicilio del Letrado D./D.ª [NOMBRE_LETRADO], sito en [DIRECCIÓN], tlf: [NÚMERO], fax: [NÚMERO], e-mail: [CORREO_ELECTRONICO].

En su virtud,

SUPLICO, al Juzgado, tenga por hecha la designación de bienes para que surta los efectos legales procedentes.

Por ser Justicia que pido en [LOCALIDAD] a [DÍA] de [MES] de [AÑO].

[FIRMA]

---

(1) En reclamaciones frente a empresarios que no se encuentren en situación de concurso, referidas a cantidades vencidas, exigibles y de cuantía determinada, derivadas de su relación laboral, que no excedan de 15.000 euros, el trabajador podrá formular su reclamación mediante proceso monitorio laboral (art. 101 de la LRJS). A modo de ej.: «El procedimiento a seguir será el estipulado en el artículo 110 de la LRJS relativo al proceso monitorio, para reclamar cantidades vencidas, exigibles y de cuantía determinada, no superiores a 15.000 euros».

Formulario de demanda de extinción de contrato por modificación sustancial de las condiciones de trabajo (resolución por menoscabo de la dignidad personal y profesional del trabajador)

El trabajador puede rescindir contrato con indemnización si los cambios laborales perjudican su dignidad. El art. 50.1.a) ET determina que serán causas justas para que el trabajador pueda solicitar la extinción del contrato: *«a) Las modificaciones sustanciales en las condiciones de trabajo llevadas a cabo sin respetar lo previsto en el artículo 41 y que redunden en menoscabo de la dignidad del trabajador.»*

De conformidad con lo anterior, el siguiente formulario ilustra el escrito de demanda por el que la persona perjudicada por modificaciones sustanciales en sus condiciones de trabajo que menoscaban su dignidad, podrá reclamar en sede judicial la extinción de su relación laboral con la empresa.

AL JUZGADO DE LO SOCIAL N.º [NUMERO_JUZGADO] **DE** [LOCALIDAD]

D./D.ª [NOMBRE_LETRADO], Letrado/a en ejercicio del Iltre. Colegio de Abogados de [PROVINCIA], con despacho abierto en [DOMICILIO] calle [CALLE] n.º [NÚMERO] el cual vengo a designar a efectos de comunicaciones, en nombre y representación de **D./D.ª** [NOMBRE_TRABAJADOR_A], mayor de edad, poseedor del D.N.I. n.º [DNI_TRABAJADOR], y vecino/a de [LOCALIDAD], con domicilio en calle [DOMICILIO_TRABAJADOR], conforme acredito con la copia de escritura de poder que al presente se acompaña, y que una vez testimoniada suficientemente en los autos solicito me sea devuelta por necesitarla para otros usos, ante el JUZGADO DE LO SOCIAL comparezco y como mejor proceda en Derecho,

DIGO

Que por medio del presente escrito vengo a interponer demanda de extinción de contrato de trabajo, contra la empresa [NOMBRE_EMPRESA], con domicilio en [DOMICILIO_SOCIAL], en base a los siguientes

HECHOS

PRIMERO.- Mi mandante, viene prestando sus servicios para la empresa demandada desde el día [FECHA], mediante contrato laboral de carácter indefinido con el grupo profesional de [GRUPO_PROFESIONAL] , y percibiendo un salario de [CANTIDAD] euros, una vez prorrateadas pagas extraordinarias, desempeñando su trabajo en el centro de [LUGAR_CENTRO_TRABAJO], como [DESCRIPCIÓN].

SEGUNDO.- Desde el pasado día [DÍA] de [MES] de [AÑO] y sin motivo aparente que justificara la decisión tomada por la empresa, fue comunicado al trabajador por D./D.ª [NOMBRE] que, manteniendo el mismo salario, y con efectos inmediatos, dejaba de prestar sus servicios como [DESCRIPCIÓN], pasando a desempeñar la función de [GRUPO_PROFESIONAL], en la misma sección y recibiendo órdenes desde entonces del/de la Sr./Sra. [NOMBRE] que había estado hasta ese momento a las órdenes del demandante

TERCERO.- Entiende esta parte que la decisión de la empresa, atenta gravemente a la dignidad personal y profesional del trabajador, y supone un trato vejatorio, frente a todo el personal de la empresa y en concreto de la sección de [ESPECIFICAR] que hasta el día anteriormente mencionado había tenido a sus órdenes, lo que supone motivo para la rescisión del contrato de trabajo. **(1)**

CUARTO.- Con fecha [FECHA] se presentó papeleta de demanda ante el S.M.A.C., habiéndose celebrado el preceptivo acto de conciliación, el día [DÍA] con el resultado de [DESCRIPCIÓN] copia de cuya acta se adjunta como documento núm. uno.

A los anteriores hechos son de aplicación los siguientes

FUNDAMENTOS DE DERECHOS

PRIMERO.- COMPETENCIA

La competencia para el conocimiento de esta pretensión la ostenta el Juzgado de lo Social al que nos dirigimos, tanto por razón de la materia y territorio, así como por la condición de los litigantes, pues así lo establecen los artículos 1, 2 a), 6 y 10 de la Ley 36/2011, de 10 de octubre, reguladora de la jurisdicción social.

SEGUNDO.- CAPACIDAD, LEGITIMACIÓN Y REPRESENTACIÓN

Que mi representado/a se encuentra plenamente capacitado/a y legitimado/a para comparecer en juicio e interponer esta demanda, en virtud de los artículos 16 y 17 de la Ley de la Jurisdicción Social, como también se encuentra representado/a y asistido/a de Letrado/a de conformidad con los artículos 18 y 21 de la citada norma.

TERCERO.- PROCEDIMIENTO

El procedimiento a seguir será el previsto en los artículos 138 y siguientes de la Ley Reguladora de la Jurisdicción Social, relativos a los procesos sobre modificaciones sustanciales de las condiciones de trabajo, conforme al cual:

> «El proceso se iniciará por demanda de los trabajadores afectados por la decisión empresarial, aunque no se haya seguido el procedimiento de los artículos 40, 41 y 47 del Estatuto de los Trabajadores. La demanda deberá presentarse en el plazo de caducidad de los veinte días hábiles siguientes a la notificación por escrito de la decisión a los trabajadores o a sus representantes, conforme a lo dispuesto en el apartado 4 del artículo 59 del Estatuto de los Trabajadores, plazo que no comenzará a computarse hasta que tenga lugar dicha notificación, sin perjuicio de la prescripción en todo caso de las acciones derivadas por el transcurso del plazo previsto en el apartado 2 del artículo 59 del Estatuto de los Trabajadores.»

CUARTO.- FONDO DEL ASUNTO

Los artículos 49.j) y 50.1.a) del Real Decreto 2/2015, de 23 de octubre, por el que se aprueba el Texto Refundido de la Ley del Estatuto de los Trabajadores, en cuanto a la regulación de las causas de extinción del contrato, por modificaciones sustanciales en las condiciones de trabajo que redunden en el menoscabo de la dignidad del trabajador.

> «El contrato de trabajo se extinguirá: (...)
> j) Por voluntad del trabajador, fundamentada en un incumplimiento contractual del empresario».
> «1. Serán causas justas para que el trabajador pueda solicitar la extinción del contrato: (...)
> a) Las modificaciones sustanciales en las condiciones de trabajo llevadas a cabo sin respetar lo previsto en el artículo 41 y que redunden en menoscabo de la dignidad del trabajador.»
> 2. En tales casos, el trabajador tendrá derecho a las indemnizaciones señaladas para el despido improcedente.

El artículo 41, apartado 3 del Estatuto de los Trabajadores, estipula que: «*La decisión de modificación sustancial de condiciones de trabajo de carácter individual deberá ser notificada por el empresario al trabajador afectado y a sus representantes legales con una antelación mínima de quince días a la fecha de su efectividad.*

En los supuestos previstos en las letras a), b), c), d) y f) del apartado 1, si el trabajador resultase perjudicado por la modificación sustancial tendrá derecho a rescindir su contrato y percibir una indemnización de veinte días de salario por año de servicio prorrateándose por meses los periodos inferiores a un año y con un máximo de nueve meses.

Sin perjuicio de la ejecutividad de la modificación en el plazo de efectividad anteriormente citado, el trabajador que, no habiendo optado por la rescisión de su contrato, se muestre disconforme con la decisión empresarial podrá impugnarla ante la jurisdicción social. La sentencia declarará la modificación justificada o injustificada y, en este último caso, reconocerá el derecho del trabajador a ser repuesto en sus anteriores condiciones.»

El art. 56.1 del ET donde se fija una el abono de una indemnización equivalente a treinta y tres días de salario por año de servicio, prorrateándose por meses los periodos de tiempo inferiores a un año, hasta un máximo de veinticuatro mensualidades para el caso de despido improcedente.

El art. 50.2 del mencionado texto legal por el cual, «*el trabajador tendrá derecho a las indemnizaciones señaladas para el despido improcedente*» en los supuestos establecidos para la extinción por voluntad del trabajador incluyendo las citadas modificaciones sustanciales en las condiciones de trabajo llevadas a cabo sin respetar lo previsto en el art. 41 del ET y que redunden en menoscabo de la dignidad del trabajador.

Los artículos [NÚM_ARTICULO] y [NÚM_ARTICULO] del Convenio Colectivo del sector de [DESCRIPCIÓN] vigente desde el día [DÍA] del [MES] del [AÑO] por el que se rige la empresa demandada.

Por lo expuesto,

SOLICITO AL JUZGADO DE LO SOCIAL:

Tenga por presentado este escrito con sus copias y documentos adjuntos, tenga por interpuesta en tiempo y forma demanda de extinción de contrato de trabajo contra la empresa [NOMBRE_EMPRESA], acuerde señalar día y hora para la celebración de la conciliación previa y, caso de no avenencia, del acto del juicio, y tras de éste y de los demás trámites oportunos, incluido el de recibimiento del pleito a prueba que expresamente se solicita, desde este momento, concluir dictando sentencia por la que con estimación de la demanda se declare extinguido el contrato de trabajo que une al actor con la empresa demandada, condenando a la misma al abono de la indemnización prevista en el artículo 56 del Estatuto de los Trabajadores. **(2)**

En [LUGAR] a [DIA] de [MES] de [AÑO]

[FIRMA]

PRIMER OTROSÍ DIGO: en la celebración de la vista del juicio, comparecerá el Letrado que encabeza la presente demanda, en representación del demandante, designando a efecto de notificaciones el domicilio ya expresado en el encabezamiento de la presente demanda, de conformidad con el artículo 21 de la Ley de la Jurisdicción Social.

En su virtud,

SOLICITO AL JUZGADO DE LO SOCIAL:

Tenga por realizadas las anteriores manifestaciones.

En fecha y lugar indicados «*ut supra*»

[FIRMA]

SEGUNDO OTROSI DIGO: sin perjuicio de la prueba que sea propuesta en el acto del juicio, interesa a esta parte que se practiquen los siguientes medios de prueba:

- [DESCRIPCIÓN]

Por ello,

SOLICITO AL JUZGADO DE LO SOCIAL:

Tenga por solicitadas las pruebas propuestas, se sirva admitirlas y ordene cuanto sea necesario para llevar a efecto su práctica.

En fecha y lugar indicados *«ut supra»*

[FIRMA]

---

(1) Por lo que se refiere a la dignidad del trabajador, se encuentra reconocida en la Constitución y en el Estatuto de los Trabajadores; es un valor espiritual y moral inherente a la persona, que se manifiesta singularmente en la autodeterminación consciente y responsable de la propia vida y que lleva consigo la pretensión al respeto por parte de los demás. Así, se ha considerado MSCT que afectan a la dignidad personal:
- La encomienda de funciones de inferior categoría con carácter indefinido. (STSJ País Vasco, rec. 2149/1998, de 16 de febrero de 1999, ECLI:ES:TSJPV:1999:814).
- La asignación de funciones inferiores a las del grupo profesional por razones técnicas u organizativas, debidamente notificada al comité de empresa, pero sin señalarse el tiempo imprescindible para su atención ni justificarse las razones perentorias o imprevisibles de la actividad productiva que las justificaban. (STSJ de Galicia, rec. 4072/1997, de 6 de noviembre, ECLI:ES:TSJGAL:1997:62).
- La asignación de funciones claramente inferiores, como las de un guardacoches al jefe del departamento de servicios generales de un casino (STSJ Murcia, rec. 1146/1998, de 19 de octubre, ECLI:ES:TSJMU:1998:1805).
- El caso de una trabajadora contratada como directora de guardería a la que se le comunica el cese en dicho cargo y el traslado como educadora a otra guardería de la misma localidad (STSJ de Sevilla, rec. 3128/1998, de 13 de octubre, ECLI:ES:TSJAND:1998:12874).
Por el contrario, no se aprecia perjuicio a la dignidad el hecho de recibir en su nueva oficina las órdenes de su superior ni que pase a desempeñar sus funciones en un espacio común con otros compañeros por ser ello la consecuencia normal del cambio de funciones a desempeñar. (ATS, rec. 4130/2021, de 28 de septiembre de 2022, ECLI:ES:TS:2022:14079A).
(2) Ténganse en cuenta las repercusiones establecidas en la D.T. 11ª del Estatuto de los Trabajadores de aplicación a los contratos suscritos antes del 12 de febrero de 2012.

Formulario de demanda de conflicto colectivo (modificación sustancial colectiva de las condiciones de trabajo sobre la jornada laboral)

Los arts. 153 a 162 de la Ley 36/2011, de 10 de octubre, Reguladora de la Jurisdicción Social, establecen el procedimiento de conflicto colectivo, cuando afecten a intereses generales de un grupo genérico de trabajadores, y que versen sobre la aplicación e interpretación de una norma estatal, Convenio Colectivo, o práctica de una empresa. Están legitimados los sindicatos y asociaciones empresariales del ámbito de la interpretación de la norma o pacto o convenio que se discute, más representativos a nivel estatal o de CCAA.

El intento de conciliación previa resulta requisito necesario, cuyo acuerdo tendrá la misma eficacia que lo pactado en convenio. Siendo requisitos de esta demanda la designación de trabajadores y empresas afectadas, y una referencia concisa a la fundamentación jurídica de la pretensión formulada, conforme al art. 155 de la LRJS.

El proceso es urgente y preferente y la sentencia firme producirá efectos de cosa juzgada sobre los procesos individuales pendientes de resolución o que puedan plantearse, que versen sobre idéntico objeto o en relación de directa conexidad con aquél, tanto en el orden social como en el contencioso-administrativo, que quedarán en suspenso durante la tramitación del conflicto colectivo. La suspensión se acordará aunque hubiere recaído sentencia de instancia y estuviere pendiente el recurso de suplicación y de casación, vinculando al tribunal correspondiente la sentencia firme recaída en el proceso de conflicto colectivo, incluso aunque en el recurso de casación unificadora no se hubiere invocado aquélla como sentencia contradictoria.

IMPORTANTE: Las demandas de conflicto colectivo requieren, conforme a lo dispuesto en el art. 156.1 de la LRJS, el intento de conciliación correspondiente. No obstante, el art. 156 de la LRJS, exceptúa del intento de conciliación las impugnaciones, tanto individuales como colectivas, de las modificaciones sustanciales. Dicha excepción se enmarca dentro de la preferencia que tiene el proceso, de conformidad con lo dispuesto en el art. 159 de la LRJS, frente a cualquier otro proceso, salvo los de tutela de derechos fundamentales y libertades públicas, previéndose, en todo caso, un intento de conciliación ante el letrado de la Administración de Justicia y, en su caso, ante la Sala, conforme dispone el art. 84 de la LRJS. Consideramos, por consiguiente (siguiendo doctrina jurisprudencial en la materia), que el intento de conciliación en los procesos de conflicto colectivo, en los que se impugnen modificaciones sustanciales colectivas, no suspende el plazo de caducidad, porque el art. 84 de la LRJS, exceptúa dicho requisito por las razones expuestas, tratándose, por tanto, de una medida superflua, que no puede afectar a la caducidad, que es una institución procesal de orden público (STS, rec. 251/2013, 16 de septiembre de 2014; SAN n.º 140/2012, de 19 de noviembre de 2012; STSJ de Cataluña n.º 5189/2013, 19 de julio de 2013; STSJ de Cataluña n.º 10/2013, de 15 de febrero de 2013).

AL JUZGADO DE LO SOCIAL DE [LOCALIDAD] / A LA SALA DE LO SOCIAL DEL TSJ DE [COMUNIDAD_AUTONOMA] / A LA SALA DE LO SOCIAL DE LA AUDIENCIA NACIONAL (1)

Demandante: [GRUPO_SINDICAL]. (2)

Demandado: [NOMBRE_EMPRESA].

D./D.ª [NOMBRE_ABOGADO_CLIENTE], Letrado/a en ejercicio del Ilte. Colegio de Abogados de [LOCALIDAD], con despacho abierto en [DOMICILIO] calle [CALLE] n.º [NÚMERO], el cual vengo a designar a efectos de comunicaciones, en nombre y representación de **D./D.ª** [NOMBRE_CLIENTE] / [GRUPO_SINDICAL] **(2)**, mayor de edad, poseedor del D.N.I. n.º [DNI], y vecino de [LOCALIDAD], con domicilio en [DOMICI-LIO], como Secretario General del Sindicato [GRUPO_SINDICAL] conforme acredito con la copia de escritura de poder que al presente se acompaña, en interés del siguiente personal:

- [ESPECIFCAR] **(3)**

- [ESPECIFICAR]

Dentro de la empresa [NOMBRE_EMPRESA], ante **EL JUZGADO DE LO SOCIAL DE** [LOCALIDAD] **/ LA SALA DE LO SOCIAL DEL TSJ DE** [COMUNIDAD_AUTONO-MA] **/ LA SALA DE LO SOCIAL DE LA AUDIENCIA NACIONAL** comparezco y, como mejor en Derecho proceda,

DIGO

Que por medio del presente escrito vengo a interponer **DEMANDA EN MATERIA DE CONFLICTO COLECTIVO RELATIVO A MODIFICACIÓN SUSTANCIAL COLECTIVA DE CONDICIONES DE TRABAJO DE LA JORNADA DE TRABAJO (4)**, de conformidad con los artículos 153 y ss. de la Ley de la Jurisdicción Social, contra la empresa [NOMBRE_EMPRESA] **(5)**, con domicilio en [DOMICILIO], calle [CALLE], en base a los siguientes **(6)**

HECHOS

PRIMERO.- Con fecha [FECHA] se notificó a la Sección Sindical [GRUPO_SINDI-CAL] **(2)** demandante la intención por parte de la empresa de realizar una modificación sustancial de las condiciones de trabajo de carácter colectivo sobre la jornada laboral de [ESPECIFICAR] **(3)** consistente en [ESPECIFICAR] **(7)** (adjunto notificación como doc. 1).

SEGUNDO.- Tras esta notificación y en cumplimiento de lo establecido en el art. 41.4 del Estatuto de los Trabajadores, se realizó un periodo de consultas con los representantes legales de los trabajadores, de [NÚMERO] días de duración, que versó sobre las causas motivadoras de la decisión empresarial y la posibilidad de evitar o reducir sus efectos, así como sobre las medidas necesarias para atenuar sus consecuencias para los trabajadores afectados (adjunto copia de acta de las distintas reuniones como doc. 2,3,4,5 y 6).

TERCERO.- El periodo de consultas finalizó sin acuerdo como consta en el acta final del del mismo del día [FECHA] (adjunto copia de acta final periodo de consultas como doc. núm. 7)

CUARTO.- Una vez finalizado el periodo de consultas sin acuerdo la empresa notificó a los trabajadores y a esta representación de los mismos su decisión unilateral de [ESPECIFICAR] (adjunto copia de notificación como doc. núm. 8).

QUINTO.- Como esta parte indicó reiteradamente durante las negociaciones, la decisión empresarial sobre la jornada laboral carece de justificación con arreglo a razones económicas, técnicas, organizativas o de producción, dado que: [ESPECIFICAR]. **(8)**

SEXTO.- Este proceso se encuentra exceptuado del requisito del intento de conciliación o, en su caso, de mediación al amparo de lo establecido los artículos 64 y 70 de la Ley de la Jurisdicción Social. **(9)**

A los anteriores hechos son de aplicación los siguientes

FUNDAMENTOS DE DERECHO

I.- COMPETENCIA

La competencia para el conocimiento de esta pretensión la ostenta el Juzgado de lo Social al que nos dirigimos, tanto por razón de la materia y territorio, así como por la condición de los litigantes, pues así lo establecen los artículos 1, 2, 6 y 10 de la Ley 36/2011, de 10 de octubre, reguladora de la Jurisdicción Social.

II.- CAPACIDAD PROCESAL Y LEGITIMACIÓN

Mi poderdante se encuentra capacitado procesalmente como legitimado para interponer la presente demanda, de acuerdo con los artículos 16 y 17 de la Ley de la Jurisdicción Social, así como se encuentra asistido y representado por medio de Abogado/a de acuerdo con el artículo 18 de la citada norma. Igualmente se cumplen en relación a la legitimación para promover procesos sobre conflictos colectivos lo establecido en el artículo 154 del citado precepto

III.- DETERMINACIÓN DEL PROCESO

El presente procedimiento deberá tramitarse conforme a lo establecido en los artículos 153 y siguientes del Texto Refundido de la Ley 36/2011, de 10 de octubre, reguladora de la Jurisdicción Social, que regula el proceso de conflictos colectivos.

El convenio colectivo de la empresa, con vigencia desde el [FECHA], y publicado en el B.O. [NÚMERO] con fecha [DÍA] de [MES] de [AÑO] y en especial sus artículos [NUM_ARTÍCULO] y [NUM_ARTÍCULO], el cual establece [DESCRIPCIÓN].

IV.- CONTENIDO DE LA DEMANDA

Se consideran cumplidos a los efectos legales oportunos los artículos 80 y 157 de la reiterada Ley de la Jurisdicción Social.

V.- URGENCIA Y PREFERENCIA DEL PROCESO.

Este proceso tendrá carácter urgente y con preferencia en el despacho de estos asuntos será absoluta sobre cualesquiera otros, salvo los de tutela de los derechos fundamentales y libertades públicas atendiendo al artículo 159 de la Ley 36/2011, de 10 de octubre, reguladora de la jurisdicción social.

VI.- FONDO DEL ASUNTO

El artículo 41 del Real Decreto Legislativo 2/2015, de 23 de octubre, por el que se aprueba el texto refundido de la Ley del Estatuto de los Trabajadores, en cuanto a la regulación de las causas de extinción del contrato, por modificaciones sustanciales en las condiciones de trabajo que redunden sobre la jornada laboral.

Los artículos [NÚM_ARTICULO] y [NÚM_ARTICULO] del Convenio Colectivo del sector de [DESCRIPCIÓN] vigente desde el día [DÍA] del [MES] del [AÑO] por el que se rige la empresa demandada.

Por lo que en razón de lo expuesto,

SUPLICO:

Que habiendo por presentado este escrito con sus copias y documentos adjuntos, tenga por interpuesta en tiempo y forma **DEMANDA EN MATERIA DE CONFLICTO COLECTIVO RELATIVO A MODIFICACIÓN SUSTANCIAL COLECTIVA DE CONDICIONES DE TRABAJO DE LA JORNADA DE TRABAJO** contra la empresa [NOMBRE_EMPRESA] -junto con el resto de sindicatos interesados a los efectos del art. 17.2, LRJS-, acuerde señalar día y hora para la celebración de la conciliación previa y, caso de no avenencia, del acto del juicio, y tras de éste y de los demás trámites oportunos, incluido el de recibimiento del pleito a prueba que expresamente se solicita, desde este momento, concluir dictando sentencia por la que con estimación de la demanda se considere la modificación sustancial de las condiciones de trabajo de carácter colectivo sobre la jornada NULA DE PLENO DERECHO y, subsidiariamente, INJUSTIFICADA, debiendo dejarse la misma sin efecto en ambos casos, reintegrando a los trabajadores afectados en sus anteriores condiciones de trabajo (lo cual se indica a los efectos oportunos). Posibilidad de pedir igualmente daños y perjuicios derivados de la aplicación de la medida en cuestión si bien sería preciso justificar y cuantificar los mismos de manera adecuada. **(10)**

En [LOCALIDAD], a [DÍA] de [MES] de [AÑO]

[FIRMA]

PRIMER OTROSÍ DIGO: en la celebración de la vista del juicio, comparecerá el Letrado que encabeza la presente demanda, en representación del demandante, designando a efecto de notificaciones el domicilio ya expresado en el encabezamiento de la presente demanda, de acuerdo con lo estipulado en el artículo 21 de la Ley Reguladora de la Jurisdicción Social.

En su virtud,

SUPLICO:

Tenga por hecha dicha manifestación, siendo justicia que reitero en fecha y lugar *«ut supra»*

[FIRMA]

SEGUNDO OTROSÍ DIGO: se hace constar otros sindicatos frente a los que se dirige la presente Demanda de conformidad con lo dispuesto en el artículo 17.2 de la LRJS .

- SINDICATO [GRUPO_SINDICAL] **(2)**, con domicilio a efectos de comunicaciones y notificaciones sito en [DIRECCIÓN].

En virtud de lo expuesto,

SUPLICO:

Tenga por hecha dicha manifestación, siendo justicia que reitero en fecha y lugar *«ut supra»*

[FIRMA]

---

(1) Este proceso deberá plantearse, según el ámbito, ante las Salas de lo Social de los Juzgados de los Social, TSJ o de la Audiencia Nacional en función de la dimensión territorial de la afectación de la medida en cuestión. Ver Regulación de las cuestiones de competencia en el orden jurisdiccional social y Especialidades procesales del procedimiento judicial de solución de conflictos colectivos .

(2) Tener en cuenta la legitimación para promover procesos sobre conflictos colectivos según los arts. 154 y 155 de la LRJS.

(3) Tener en cuenta el ámbito de aplicación establecido en el art. 153 de la LRJS. Se tramitarán a través del presente proceso las demandas que afecten a intereses generales de un grupo genérico de trabajadores o a un colectivo genérico susceptible de determinación individual y que versen sobre la aplicación e interpretación de una norma estatal, convenio colectivo, cualquiera que sea su eficacia, pactos o acuerdos de empresa, o de una decisión empresarial de carácter colectivo, incluidas las que regulan el apartado 2 del art. 40 del Estatuto de los Trabajadores, el apartado 2 del art. 41, y las suspensiones y reducciones de jornada previstas en el art. 47 del Estatuto de los Trabajadores que afecten a un número de trabajadores igual o superior a los umbrales previstos en el apartado 1 del art. 51 del Estatuto de los Trabajadores, o de una práctica de empresa y de los acuerdos de interés profesional de los trabajadores autónomos económicamente dependientes, así como la impugnación directa de los convenios o pactos colectivos no comprendidos en el art. 163 de la LRJS. Las decisiones

empresariales de despidos colectivos se tramitarán de conformidad con lo previsto en el art. 124 de la LRJS.

(4) Indicar la designación general de los trabajadores y empresas afectados por el conflicto y, cuando se formulen pretensiones de condena que aunque referidas a un colectivo genérico, sean susceptibles de determinación individual ulterior sin necesidad de nuevo litigio, habrán de consignarse los datos, características y requisitos precisos para una posterior individualización de los afectados por el objeto del conflicto y el cumplimiento de la sentencia respecto de ellas. A modo de ejemplo: «Colectivo de trabajadores del centro de trabajo ubicado en la provincia de [PROVINCIA] con el grupo profesional de [GRUPO_PROFESIONAL])»

(5) Téngase en cuenta la necesidad designación concreta del demandado o demandados, con expresión del empresario, asociación empresarial, sindicato o representación unitaria a quienes afecten las pretensiones ejercitadas según el art. 17.2 y letra b) del art 157 de la LRJS.

(6) La demanda además de los requisitos generales, contendrá: a) La designación general de los trabajadores y empresas afectados por el conflicto y, cuando se formulen pretensiones de condena que aunque referidas a un colectivo genérico, sean susceptibles de determinación individual ulterior sin necesidad de nuevo litigio, habrán de consignarse los datos, características y requisitos precisos para una posterior individualización de los afectados por el objeto del conflicto y el cumplimiento de la sentencia respecto de ellas. b) La designación concreta del demandado o demandados, con expresión del empresario, asociación empresarial, sindicato o representación unitaria a quienes afecten las pretensiones ejercitadas. c) Una referencia sucinta a los fundamentos jurídicos de la pretensión formulada. d) Las pretensiones interpretativas, declarativas, de condena o de otra naturaleza concretamente ejercitadas según el objeto del conflicto (art. 157 de la LRJS).

(7) Consignar modificación sustancial pretendida por la empresa.

(8) Desarrollar las razones por las que la decisión empresarial se debería declarar nula o injustificada.

(9) Las pretensiones que deben tramitarse con arreglo a esta modalidad procesal están exoneradas tanto de la conciliación administrativa previa (art. 64.1 de la LRJS), como de interponer reclamación administrativa previa en el caso de que resulten demandadas administraciones públicas (art. 73 de la LRJS). (SAN n.º 140/2012, 19 de noviembre de 2012).

(10) La normativa laboral no contempla expresamente la posibilidad de reclamación de daños y perjuicios por modificación sustancial en las condiciones de trabajo. No obstante, ha de tenerse en cuenta que si una sentencia judicial declarará la ilegalidad de la orden modificativa estableciendo la reposición del trabajador a las condiciones laborales anteriores, por lo que el trabajador afectado ha estado obedeciendo la decisión empresarial durante el desarrollo del proceso judicial. Es decir, durante cierto período de tiempo se han soportado injustamente ciertos daños y perjuicios al pacto contractual que justifican la existencia de una reclamación indemnizatoria (art. 1101 de Código Civil).

Formulario de papeleta de conciliación solicitando la extinción de relación laboral tras el incumplimiento empresarial de la sentencia que declara la nulidad de una modificación sustancial de las condiciones de trabajo

El art. 50.1.a) del Estatuto de los Trabajadores dispone que será una causa justa para que la persona trabajadora pueda solicitar la extinción del contrato la negativa de la empresa a reintegrarle en sus anteriores condiciones de trabajo, en los supuestos de modificación sustancial de las mismas, cuando una sentencia judicial hubiera declarado los cambios como injustificados.

Para reclamar la referida extinción del contrato, la persona trabajadora necesariamente habrá de promover un procedimiento de conciliación con la empresa con carácter previo a la vía judicial, tal como exige el art. 63 de la Ley Reguladora de la Jurisdicción Social, que establece que «Será requisito previo para la tramitación del proceso el intento de conciliación o, en su caso, de mediación ante el servicio administrativo correspondiente o ante el órgano que asuma estas funciones que podrá constituirse mediante los acuerdos interprofesionales o los convenios colectivos a los que se refiere el artículo 83 del Texto Refundido de la Ley del Estatuto de los Trabajadores, así como mediante los acuerdos de interés profesional a los que se refieren el artículo 13 y el apartado 1 del artículo 18 de la Ley del Estatuto del trabajo autónomo.»

El siguiente formulario de papeleta de conciliación permite a la persona trabajadora afectada por una modificación sustancial de sus condiciones de trabajo declarada injustificada en virtud de sentencia firme, agotar la vía de conciliación previa legalmente exigida, a fin de alcanzar un acuerdo con la empresa por el que la relación laboral se dé por extinguida.

AL SERVICIO DE MEDIACIÓN, ARBITRAJE Y CONCILIACIÓN DE [LOCALIDAD]

D./D.ª [NOMBRE_TRABAJADOR], con D.N.I [DNI_TRABAJADOR], y domicilio en [DOMICILIO], ante la Sección de Conciliación, comparece y como mejor proceda en Derecho,

DICE

Que por medio del presente escrito viene a interesar acto de conciliación previo a la vía jurisdiccional sobre EXTINCIÓN DE LA RELACIÓN LABORAL A INSTANCIA DE LA TRABAJADORA con la empresa [NOMBRE_EMPRESA] a citar en [DOMICILIO_SOCIAL], en base a las siguientes

ALEGACIONES

PRIMERA.- La persona trabajadora presta sus servicios para la demandada en conciliación, desde el [DÍA] de [MES] de [AÑO], desarrollando las funciones propias del [GRUPO_PROFESIONAL] y salario de [CANTIDAD] euros con parte proporcional de pagas extras.

SEGUNDA.- La empresa comunicó a la trabajadora la modificación de su jornada de trabajo por la que pasaba de [CONDICIONES_LABORALES_INICIALES] a [MODIFICACION_SUSTANCIAL] (1). La empresa justificó la decisión en razones [ECONÓMICAS/TÉCNICAS/ORGANIZATIVAS/PRODUCCIÓN].

TERCERA.- La trabajadora recurrió la modificación sustancial de las condiciones de trabajo por considerar que al amparo de lo dispuesto en el artículo 41 del Real Decreto Legislativo 2/2015, de 23 de octubre, por el que se aprueba el texto refundido de la Ley del Estatuto de los Trabajadores, no concurrían razones objetivas que justificaran la decisión de cambio en [MODIFICACION_SUSTANCIAL].

CUARTA.- El Juzgado de lo Social [NUM_JUZGADO] de [LOCALIDAD], en autos [NUM_AUTOS] en fecha de [DIA] de [MES] de [AÑO] dictó Sentencia que estimó las pretensiones del/de la trabajador/trabajadora y declaró injustificada la modificación [MODIFICACION_SUSTANCIAL] condenando a la empresa a reponerla en sus anteriores condiciones.

QUINTA.- A pesar del carácter firme de la Sentencia la empresa no ha reintegrado al/a la trabajador/a en su [CONDICIONES_LABORALES_INICIALES].

SEXTA.- La letra c) del art. 50.1 del Estatuto de los Trabajadores establece como causa justa para solicitar la extinción del contrato a instancia del trabajador, con derecho al percibo de la indemnización fijada para el despido improcedente, la negativa de la empresa a *«reintegrar al trabajador en sus anteriores condiciones de trabajo en los supuestos previstos en los art. 40 y 41 ET, cuando una sentencia judicial haya declarado los mismos injustificados».*

La presente papeleta de conciliación tiene por objeto que la empresa se avenga a:

– **RECONOCER** el derecho de la trabajadora a extinguir su relación laboral al amparo de lo dispuesto en la letra c) del art. 50.1, ET.

– **ACCEDER** en consecuencia al abono a la trabajadora de la indemnización fijada para el despido improcedente consistente en [CANTIDAD] euros.

Por lo expuesto,

DE ESTE SERVICIO DE MEDIACIÓN, ARBITRAJE Y CONCILIACIÓN (SMAC) SOLICITA:

Que, teniendo por presentado este escrito de demanda de conciliación previa a la vía jurisdiccional, con sus preceptivas copias, disponga la celebración del acto de conciliación sobre los extremos aludidos y citar de comparecencia a las partes en el día y hora señalados al efecto.

Es justicia que se pide en [LOCALIDAD], a [DÍA] de [MES] de [AÑO]

[FIRMA]

---

(1) Tendrán la consideración de modificaciones sustanciales de las condiciones de trabajo, entre otras, las que afecten a las siguientes materias:

a) Jornada de trabajo.

b) Horario y distribución del tiempo de trabajo.

c) Régimen de trabajo a turnos.

d) Sistema de remuneración y cuantía salarial.

e) Sistema de trabajo y rendimiento.

f) Funciones, cuando excedan de los límites que para la movilidad funcional prevé el art. 39 del ET.

Formulario de papeleta de conciliación ante el SMAC por modificación sustancial de condiciones de trabajo (jornada y horario de trabajo)

La dirección de la empresa podrá acordar modificaciones sustanciales de las condiciones de trabajo cuando existan probadas razones económicas, técnicas, organizativas o de producción. Se considerarán tales las que estén relacionadas con la competitividad, productividad u organización técnica o del trabajo en la empresa. Cuando la persona trabajadora esté en desacuerdo con la referidas modificaciones, antes de reclamar en sede judicial, habrá de intentar alcanzar un acuerdo con la empresa en un procedimiento de conciliación celebrado ante el Servicio de Mediación, Arbitraje y Conciliación (SMAC), de conformidad con el art. 63 de la Ley Reguladora de la Jurisdicción Social, que dispone que:

> «Será requisito previo para la tramitación del proceso el intento de conciliación o, en su caso, de mediación ante el servicio administrativo correspondiente o ante el órgano que asuma estas funciones que podrá constituirse mediante los acuerdos interprofesionales o los convenios colectivos a los que se refiere el artículo 83 del Texto Refundido de la Ley del Estatuto de los Trabajadores, así como mediante los acuerdos de interés profesional a los que se refieren el artículo 13 y el apartado 1 del artículo 18 de la Ley del Estatuto del Trabajo Autónomo.»

El formulario disponible a continuación sirve de apoyo a la redacción de la correspondiente papeleta de conciliación que habrá de presentarse ante el SMAC en reclamación frente a la empresa por modificación de horario y jornada laboral.

AL SERVICIO DE MEDIACIÓN, ARBITRAJE Y CONCILIACIÓN DE [LUGAR]

D./D.ª [NOMBRE_PERSONA_TRABAJADORA], con DNI [DNI_PERSONA_TRABAJADORA] y con domicilio a efectos de notificación en [DOMICILIO_PERSONA_TRABAJADORA], afiliada a la Seguridad Social con el n.º [NÚMERO], ante ese servicio comparece y, como mejor proceda en derecho,

DICE

Que por medio del presente escrito formulo PAPELETA DE CONCILIACIÓN, de conformidad con el artículo 63 de la Ley de la Jurisdicción Social, en reclamación de MODIFICACIÓN SUSTANCIAL DE LAS CONDICIONES DE TRABAJO contra la empresa [EMPRESA], en la persona de su representante legal, que podrá ser citado en [DOMICILIO_SOCIAL], dedicada a la actividad de [ACTIVIDAD_EMPRESA], en base a los siguientes,

HECHOS

PRIMERO.- Soy trabajador de la empresa demandada, con una antigüedad en la misma desde [FECHA_ANTIGUEDAD], grupo profesional de [GRUPO_PROFESIONAL] rigiéndose la relación laboral por el Convenio colectivo de [CONVENIO_COLECTIVO_APLICABLE], siendo mi salario a efectos indemnizatorios, salvo error, de [CANTIDAD] mensuales.

SEGUNDO.- La empresa me ha notificado con fecha [DÍA] de [MES] de [AÑO], carta por la que se indicaba, que a partir del [DÍA] de [MES] de [AÑO], se me [ESPECIFICAR], imponiéndome [ESPECIFICAR], todo ello en base a [ESPECIFICAR]. (1)

TERCERO.- Considero que se ha producido una Modificación Sustancial de mis Condiciones de Trabajo, ya que el cambio notificado afecta a mi jornada y horario de trabajo, así como al cambio a un sistema de trabajo a turnos.

CUARTO.- La modificación sustancial de las condiciones de trabajo descrita me provoca un grave perjuicio, ya que [DESCRIPCIÓN].

QUINTO.- Considero que la modificación no es ajustada a derecho ya que no es cierto que existan razones organizativas y de producción que la justifique y que las mismas han sido impuestas sin ajustarse a los requisitos formales establecidos en el art. 41 del Estatuto de los Trabajadores.

SEXTO.- La empresa debe reconocer en este acto de conciliación que la presente modificación sustancial de las condiciones de trabajo es injustificada y no es conforme a derecho además de no cumplir con los requisitos formales establecidos legalmente y por lo tanto debe anularse la misma y reponerme en las condiciones de trabajo que tenía con anterioridad a su imposición.

Por lo expuesto,

SOLICITO A ESTE SERVICIO DE MEDIACIÓN, ARBITRAJE Y CONCILIACIÓN:

Admita el presente escrito que contiene PAPELETA DE CONCILIACIÓN de RECLAMACIÓN POR MODIFICACIÓN SUSTANCIAL DE LAS CONDICIONES DE TRABAJO contra la empresa citada, y se sirva a citar a las partes para la celebración del acto de conciliación establecido en el art. 63 de la Ley Reguladora de la Jurisdicción Social.

En [LUGAR], a [DIA] de [MES] de [AÑO]

[FIRMAS]

---

(1) Especificar las modificaciones sustanciales de las condiciones de trabajo.

Comunicación a los representantes de los trabajadores iniciando de periodo de consultas para una MSCT colectiva

Sin perjuicio de los procedimientos específicos que puedan establecerse en la negociación colectiva, la decisión de modificación sustancial de condiciones de trabajo de carácter colectivo deberá ir precedida en las empresas en que existan representantes legales de los trabajadores de un período de consultas con los mismos de duración no superior a quince días, que versará sobre las causas motivadoras de la decisión empresarial y la posibilidad de evitar o reducir sus efectos, así como sobre las medidas necesarias para atenuar sus consecuencias para los trabajadores afectados.

La comisión representativa de los trabajadores deberá quedar constituida con carácter previo a la comunicación empresarial de inicio del procedimiento de consultas. A estos efectos, la dirección de la empresa deberá comunicar de manera fehaciente a los trabajadores o a sus representantes su intención de iniciar el procedimiento. El plazo máximo para la constitución de la comisión representativa será de siete días desde la fecha de la referida comunicación, salvo que alguno de los centros de trabajo que vaya a estar afectado por el procedimiento no cuente con representantes legales de los trabajadores, en cuyo caso el plazo será de quince días (artículo 41 del Estatuto de los Trabajadores).

Transcurrido el plazo máximo para la constitución de la comisión representativa, la dirección de la empresa podrá comunicar el inicio del periodo de consultas a los representantes de los trabajadores. La falta de constitución de la comisión representativa no impedirá el inicio y transcurso del periodo de consultas, y su constitución con posterioridad al inicio del mismo no comportará, en ningún caso, la ampliación de su duración.

En [PROVINCIA], a [DIA] de [MES] de [AÑO].

Sr./Sra. D./D.ª [NOMBRE], delegado/a de personal.

Muy Señor/a nuestro/a:

Como representante legal de los trabajadores que constituyen la plantilla de esta empresa, ponemos en su conocimiento nuestra intención de modificar el régimen de jornada laboral vigente en la empresa.

La actual jornada laboral, de [NÚMERO] a [NÚMERO] horas, sería sustituida por otra jornada, en horario de [NÚMERO] a [NÚMERO] horas. Motivada por la necesidad de acomodar el horario al implantado, con carácter general, por otras empresas del sector. Al acomodarse de esta manera a las necesidades de nuestros clientes.

Adjuntamos a la presente comunicación una exposición más detallada y justificada de las causas que motivan la aludida pretensión. Todo ello para contribuir a una mejor situación de la empresa, favoreciendo su posición competitiva en el mercado, y a dar una mejor respuesta a las exigencias de la demanda.

Por esta razón, y en cumplimiento de lo dispuesto en el artículo 41.4 del Estatuto de los Trabajadores, le comunicamos el comienzo, a partir del día [FECHA], de un período de consultas de 15 días de duración, a fin de que, previo análisis de la documentación adjunta, tratemos de llegar a un acuerdo sobre la pretendida modificación.

Le comunicamos, de igual manera, que con esta misma fecha, notificamos a la autoridad laboral el contenido de nuestra decisión.

Con el ruego de que firme el Recibí de la comunicación y documentación anexa que se acompaña,

[FIRMA_SELLO_EMPRESA].

La empresa.

Recibí el original de la presente.

[FIRMA]

El/la delegado/a de personal. D./D.ª [NOMBRE].

Escrito de comunicación individual de modificación sustancial de condiciones de trabajo de carácter colectivo sin acuerdo en periodo de consultas

A tenor del art. 41.2 del ET, las modificaciones sustanciales de las condiciones de trabajo podrán afectar a las condiciones reconocidas a los trabajadores en el contrato de trabajo, en acuerdos o pactos colectivos o disfrutadas por estos en virtud de una decisión unilateral del empresario de efectos colectivos. En este sentido, determina el citado precepto que:

«Se considera de carácter colectivo la modificación que, en un periodo de noventa días, afecte al menos a:
a) Diez trabajadores, en las empresas que ocupen menos de cien trabajadores.
b) El diez por ciento del número de trabajadores de la empresa en aquellas que ocupen entre cien y trescientos trabajadores.
c) Treinta trabajadores, en las empresas que ocupen más de trescientos trabajadores».

Finalizado el periodo de consultas sin acuerdo, la decisión sobre la modificación colectiva de las condiciones de trabajo será notificada por el empresario a los trabajadores y surtirá efectos en el plazo de los siete días siguientes a su notificación. Dicha comunicación podrá ser realizada mediante el siguiente formulario, que contempla el derecho del trabajador a rescindir su contrato en caso de disconformidad con la modificación, percibiendo una indemnización de 20 días de salario por año de servicio prorrateándose por meses los períodos inferiores a un año y con un máximo de nueve meses.

En [PROVINCIA], a [DÍA] de [MES] de [AÑO].

[NOMBRE_EMPRESA].

Sr./Sra. **D./D.ª** [NOMBRE_PERSONA_TRABAJADORA].

Muy Señor/a nuestro/a:

Por la presente pongo en su conocimiento que, el próximo día [DÍA] de [MES] de [AÑO] **(1)**, tendrá efectos la decisión empresarial por la que se establece una nueva jornada de trabajo, en horario de [HORA] a [HORA] y de [HORA] a [HORA] horas.

Esta decisión se toma por motivos [ESPECIFICAR] **(2)** con la intención de [ESPECIFICAR]. **(3)**

Lamentamos que, en el período de consultas, anterior a la presente decisión, no hayamos podido pactar una solución alternativa con su representante.

No obstante lo anterior, si considerase perjudicial la modificación de sus condiciones de trabajo, tendrá derecho a rescindir su contrato y percibir una indemnización de 20 días de salario por año de servicio prorrateándose por meses los períodos inferiores a un año y con un máximo de nueve meses al amparo del art. 41.3 del Real Decreto Legislativo 2/2015, de 23 de octubre, por el que se aprueba el texto refundido de la Ley del Estatuto de los Trabajadores.

Sin otro particular que manifestarle se despide,

[FIRMA_SELLO_EMPRESA]

La empresa.

Recibí el original de la presente.

[FIRMA]

D./D.ª [NOMBRE_PERSONA_TRABAJADORA].

---

(1) La decisión de modificación sustancial de condiciones de trabajo de carácter individual deberá ser notificada por el empresario al trabajador afectado y a sus representantes legales con una antelación mínima de 15 días a la fecha de su efectividad.

(2) Especificar las razones económicas, técnicas, organizativas o de producción. Se consideraran tales las que estén relacionadas con la competitividad, productividad u organización técnica o del trabajo en la empresa (art. 41 del ET).

(3) A modo de ejemplo: «fijar un horario de atención al público que contribuya a una mejor situación de la empresa, favoreciendo su posición competitiva en el mercado», «dar una mejor respuesta a las exigencias de la demanda»/«superar las pérdidas actuales (o previstas)», «la disminución persistente de su nivel de ingresos (o ventas)», etc.

Escrito de comunicación individual de modificación sustancial de condiciones de trabajo colectiva sobre jornada/horario/distribución del tiempo de trabajo (con acuerdo en periodo de consultas)

Cuando concurran causas económicas, técnicas, organizativas o de producción, por acuerdo entre la empresa y los representantes de los trabajadores legitimados para negociar un convenio colectivo conforme a lo previsto en el art. 87.1 del Estatuto de los Trabajadores (ET), se podrá proceder, previo desarrollo de un periodo de consultas en los términos del art. 41.4 ET, a inaplicar en la empresa las condiciones de trabajo previstas en el convenio colectivo aplicable, sea este de sector o de empresa, que afecten a la jornada, al horario o a la distribución del tiempo de trabajo.

Cuando el periodo de consultas finalice **con acuerdo** se presumirá que concurren las causas justificativas previstas en el art. 41.3 y solo podrá ser impugnado ante la jurisdicción social por la existencia de fraude, dolo, coacción o abuso de derecho en su conclusión. Ello sin perjuicio del derecho de los trabajadores afectados a ejercitar la opción de rescindir su contrato y percibir una indemnización de veinte días de salario por año de servicio.

En [PROVINCIA], a [DIA] de [MES] de [AÑO]

[NOMBRE_EMPRESA]

Sr./Sra. D./D.ª [NOMBRE_PERSONA_TRABAJADORA].

Muy Señor/a nuestro/a:

Por la presente pongo en su conocimiento que, el próximo día [DIA] de [MES] de [AÑO] **(1)**, tendrá efectos la decisión empresarial por la que se establece una nueva jornada de trabajo, en horario de [HORA] a [HORA] y de [HORA] a [HORA] horas.

Esta decisión se toma por motivos [ESPECIFICAR] **(2)** con la intención de [ESPECIFICAR] **(3)**, tras los acuerdos acordados durante la tramitación del período de consultas con la representación legal de los trabajadores en la empresa.

No obstante lo anterior, si considerase perjudicial la modificación de sus condiciones de trabajo, tendrá derecho a rescindir su contrato y percibir una indemnización de 20 días de salario por año de servicio prorrateándose por meses los períodos inferiores a un año y con un máximo de nueve meses al amparo de art. 41.3 del Real Decreto Legislativo 2/2015, de 23 de octubre, por el que se aprueba el texto refundido de la Ley del Estatuto de los Trabajadores.

Sin otro particular que manifestarle se despide atentamente,

[FIRMA]

---

(1) La decisión de modificación sustancial de condiciones de trabajo de carácter individual deberá ser notificada por el empresario al trabajador afectado y a sus representantes legales con una antelación mínima de 15 días a la fecha de su efectividad.

(2) Especificar las razones económicas, técnicas, organizativas o de producción. Se consideraran tales las que estén relacionadas con la competitividad, productividad u organización técnica o del trabajo en la empresa (art. 41 del ET).

(3) A modo de ejemplo: *«fijar un horario de atención al público que contribuya a una mejor situación de la empresa»*, *«favoreciendo su posición competitiva en el mercado»*, *«dar una mejor respuesta a las exigencias de la demanda»*, *«superar las pérdidas actuales (o previstas)»*, *«por la disminución persistente de su nivel de ingresos (o ventas)»*, etc.

Escrito a la comisión paritaria para solicitar la modificación sustancial de condiciones de trabajo

Es posible que por negociación colectiva se establezcan ciertos procedimientos específicos para la realización de una MSCT (art. 41.4 del ET) o la intervención de la comisión paritaria en caso de desacuerdo entre las partes. Esta comunicación se dirige a la comisión paritaria del convenio para cumplir con los requisitos exigidos.

A la Comisión Paritaria del [CONVENIO_COLECTIVO]

Modificación sustancial de condiciones de trabajo

Nombre o razón social: [NOMBRE_EMPRESA].

CIF: [ESPECIFICAR].

Domicilio social: [ESPECIFICAR].

Localidad: [ESPECIFICAR].

Código Postal: [ESPECIFICAR].

Convenio/s colectivo/s aplicable/s: [CONVENIO_COLECTIVO_APLICABLE].

La empresa [NOMBRE_EMPRESA] y su representación de los trabajadores comunican que han finalizado sin acuerdo la inaplicación planteada de acuerdo al art. 41 del Estatuto de los Trabajadores, aprobado por el Real Decreto Legislativo 2/2015, de 23 de octubre. (1)

Se remite a la comisión paritaria la presente acta junto con la solicitud de modificación de la empresa y sus causas, junto con la documentación correspondiente. Se envían asimismo, en su caso, las alegaciones que efectúa la representación de las personas trabajadoras y la documentación aportada.

Ambas partes, empresa y representación de las personas trabajadoras, se dirigen a la comisión paritaria para que esta resuelva la discrepancia, solicitando ambas partes, para el caso de que la comisión no alcance acuerdo, el conflicto se someta al arbitraje vinculante del [ORGANISMO] según estipula el art. [NÚMERO] del convenio colectivo de [CONVENIO_COLECTIVO_APLICABLE].

En [PROVINCIA], a [DIA] de [MES] de [AÑO].

[FIRMAS]

---

(1) Modelo tomando como referencia el art. 112.f) y el anexo IV del Convenio colectivo general del sector de la construcción.